U0030743

星座小熊
BluesBear®
© Starring Ideas Inc.,Ltd.

3/21~4/19
第一本星座書

牡羊座
越級打怪就是爽

作者◎
FB 粉絲 70 萬的人氣插畫家
星座小熊
暢銷星座書作家
曾新惠

今夜星光燦爛

星座之於人生，就像一道又一道的美食——

有時你會因為溫暖味蕾的甜味而感覺幸福滿溢，有時你會因為嗆衝腦門的辣味而涕淚齊發，有時你會因為直入心底的苦味而五官扭曲，有時你會因為刺激強烈的酸味而起雞皮疙瘩……這些五味雜陳，就像星座顯現的人生滋味，隨時在你心中發酵、迴盪。

某一段時間，你可能手氣大順、得意忘形，此時，就會有帶著考驗、壓力、限制意義的星星，現身來平衡你高張的氣燄；某一個時刻，你可能挫折不斷、失意沮喪，此時，就會有帶著幸運、慈愛、溫暖意義的星星，現身來平衡你低落的信心。

星光閃閃，每一顆星都有屬於自己的特質和使命，它們看似不相干，卻緊密相連，交織出一張張精彩美麗的人生星圖，猶如這世上變化萬千的各種滋味，總是讓人百般回味，心神滿足！

目錄・CONTENT

牡羊與各星座的美味關係

◇◇◇◇◇◇◇◇◇◇ **星座八卦站** ◇◇◇◇◇◇◇◇◇◇

牡羊與各星座的愛情協奏曲

◇◇◇◇◇◇◇◇ **星座八卦站** ◇◇◇◇◇◇◇◇

12 種上升星座，12 種牡羊

怎麼辦？牡羊～

◇◇◇◇◇◇◇◇◇ **星座八卦站** ◇◇◇◇◇◇◇◇◇

PART 1

說到牡羊座

以最完整的分類方式，

掃描一遍牡羊的各項基本資料，

讓你快速掌握牡羊的關鍵特質。

 **牡羊速寫**

生日： 3/21~4/19

符號： ♈

英文： Aries

守護星： 火星

守護神： 阿瑞斯（希臘），瑪爾斯（羅馬）

性質： 陽性

屬性： 火象星座

宮位： 第 1 宮

宮位性質： 基本宮

代表詞彙： 我要

數字： 1、7

星期： 星期二

顏色： 紅色

花朵： 玫瑰

寶石： 鑽石

材質： 鐵

物品： 有趣可愛的物品

身體部位： 頭

偏愛場所： 都市、遊樂園、速食店

優點： 坦率天真、積極果敢、活力十足、自信、
講義氣、爆發力

缺點： 粗心、自我意識強、思慮不周、沒耐
性、急躁

性格原罪： 直接

契合星座： 獅子、射手

對立星座： 天秤

緊張星座： 巨蟹、摩羯、處女、天蠍

中立星座： 金牛、雙子、水瓶、雙魚

◈ 神話由來

　　菲利塞斯是奈波勒的兒子，因遭人陷害而被判死刑。當菲利塞斯正要受刑時，天空突然出現一隻金色公羊，瞬間把菲利塞斯和他的妹妹海拉一起載走，往天空揚長飛去。但不幸的是，海拉在途中不慎滑落，最後只有菲利塞斯一人抵達安全之所。後來，菲利塞斯把公羊獻給宙斯，宙斯便將牠形象化，化成了天上的星座。

◈ 愛情觀

　　一發現愛的獵物，腎上腺素立刻衝到最高點，歡愉、亢奮、狂喜全寫在臉上；行動力與想像力同時急速奔馳，一分一秒都不遲疑，恨不得挖心掏肺地給出全部的愛，坦白率真、毫不掩飾。

◈ 人際觀

　　對於納入好友名單的人，視如己出，不僅不會耍心機，而且還兩肋插刀、力挺到底。與人相處時，真誠地像個孩子，直來直往，喜歡掌握主導權，不太在意別人的感受，容易因衝動而說錯話或做錯決定。

◈ 金錢觀

　　希望用最快的速度賺進最多的錢，野心大，冒險精神無人能比，金錢觀屬於衝動型。投資

方面，敢衝、敢冒險，無法忍受等待的煎熬，習慣殺進殺出的操作方式，因此財富曲線的起伏也比較劇烈。

◈ 工作觀

一旦鎖定目標就奮不顧身往前衝，完全沒看到眼前的障礙，也沒想到可能的困難，只有奪取第一名寶座的念頭，具備無人能敵的企圖心和行動力，而且很在乎別人的評價與實質的肯定。

◈ 職業

新聞記者、運動員、探險家、政治家、旅遊業、服務業、軍職、業務員、專業技術人員。

◈ 名人代表

男性：龍劭華、張信哲、彭于晏、林俊傑、蕭敬騰、王建民、MC HotDog、成龍、曾志偉、劉燁、吳京、巴哈、海頓、安徒生、梵谷、俾斯麥、卓別林、小勞勃道尼、艾爾頓強、山本五十六、黑澤明、佐藤健、鈴木亮平、DAIGO、鳥山明、西島秀俊、山下智久、崔始源、李準基

女性：三毛、陳文茜、舒淇、田馥甄、陳喬恩、席琳狄翁、瑪麗亞凱莉、Lady Gaga、艾瑪華森、綾瀨遙、渡邊杏、木村佳乃、草間彌生、工藤靜香、宮澤理惠、小芝風花、Black Pink / Lisa

一天一種牡羊座

3月21日

　　對人很有熱忱，總能及時伸出援手，講義氣，重感情，擁有不錯的人際關係；不會作白工，努力一定有成，但卻不容易維持好成績，因為心思不定，老是坐這山、望那山，榮景不長。

3月22日

　　不夠社會化，不懂得站在別人的立場思考，不在意別人的眼光，常把方便當隨便，只做自己認為開心的事，容易讓人覺得不好相處；遇到挫折或逆境時，可以靠自己的力量平衡正負能量、修復破裂疼痛的傷痕，並從中找出一條起死回生的康莊大道。

3月23日

　　不會記恨，就算與人發生不愉快，也是一轉頭就忘得一乾二淨，沒有隔夜仇，想法像小孩一樣天真；情緒表達十分矛盾，時而積極、時而退縮，無法傳達清楚的訊息給別人，容易在人際相處時造成不必要的誤會，甚至引發未能預期的一連串麻煩事。

3月24日

　　做任何事都十萬火急，有時連自己都不知道在趕什麼，但腳步就是慢不下來，無法耐住性子；對於朋友十分重視，且百分之百信任，可以無條件地為朋友兩肋插刀，但也容易因此受騙，應謹慎交友。

3月25日

在團體中特別容易展現領導才能，不僅具有帶著大家衝鋒陷陣的熱情，而且創造力十足，總是能開創出一片新天地，讓人對未來充滿希望；有時，因為求好心切而忘記表現同理心，無意間傷了人還不自知。

3月26日

勇於接受各式各樣的挑戰，對於勝敗抱持著一份樂觀的心情，自信與興奮之情，溢於言表；經常因為粗心大意而誤事，雖然自己覺得沒什麼大不了，但卻總是讓旁人擔心或造成別人的困擾。

3月27日

雖然，對工作有一定程度的企圖心，但玩樂還是擺在第一位，立定志向要當一個做到澈底、玩得盡興的人；面對任何事情都只有三分鐘熱度，

不順手就直接放棄、玩膩了就換目標，很難長期間面對同樣一件事情，如果想成功，必須好好培養耐心。

3月28日

一發現大勢已去，贏不了對手時，就選擇逃避，例如直接來個人間蒸發或裝作什麼事都沒發生，不認輸又不認帳的性格，常讓人氣得牙癢癢；不會和他人斤斤計較，喜歡有福同享、有難同當的群體關係。

3月29日

雖然擁有獨立自主的特質，但不排斥與人合作，只是仍存在著相當程度的主導意識，所以必須慎選合作夥伴，否則容易搞砸一段友好關係，或惹出不必要的麻煩；勇敢、有膽識，願意為不

正義的事挺身而出，熱心協助弱者，是許多人喜
愛與感激的對象。

3月30日

　　活躍、自信、精力旺盛，給人正面健康的印
象，就算說話大聲了點，動作誇張了些，也不會
扣太多分，反而讓人覺得自然、不做作；有時，
可能因為太渴望有所表現而出現患得患失的情形，
必須先學會放慢腳步，找到定位和方向之後，再
傾力向前衝，成功率會高許多。

3月31日

　　擁有恰到好處的爆發力，充滿自信地勇往直
前，遇困難就努力克服，有能力應付各種狀況，
具有正向的人生價值觀，如果能在每一次行動之
前，聽取各方意見，訂定周全的計畫和策略，應

該會更完美。

4月1日

很清楚自己要的是什麼，方向明確、勇敢果決，雖然有時會讓人感覺過於積極、愛現，但還不至於造成直接傷害，仍有修正改善的空間；對於理財有一套自己的方法，但要小心因急躁而誤判的情形。

4月2日

動不動就大驚小怪，好像發生了什麼天大的事，讓人感覺孩子氣、不夠穩重，無法委與重任，尤其遇到重要任務時，常會被摒除在擔當者的名單之外，難逃浮躁、沒定性的罪名；行動力十足，願意頑強地對抗障礙與困境，有一般人無法展現的熱情狂勁。

4月3日

　　對任何事都充滿好奇，求知欲旺盛，一旦設定目標之後，就立刻展開行動，並全力以赴，展現一股不要命的狠勁，旁人看了都忍不住拍手叫好；雖然，個性很硬，但其實心腸很軟，對人十分熱情。

4月4日

　　總是適時對需要幫助者伸出援手，無論是物質的爭取或精神的支持，都表現地盡心盡力；急於讓大家看到自己的才華與成就，一不小心就跌入貪婪、破壞、耍狠的陷阱，等到大夢初醒，懊惱不已，但下次再遇到同樣情形時，又無法控制地陷入深淵，不斷惡性循環。

4月5日

全身散發一股獨特的天真魅力，雖然魯莽的行為，總讓人看得膽戰心驚，雖然直率坦白的說話方式，總讓人聽得刺耳難耐，但卻不討人厭，而且身邊貴人不少；因為族群意識而導致是非不分，容易造成姑息養奸的惡果，不得不慎。

4月6日

喜歡挑戰權勢，強烈的冒險精神，即使失敗也不氣餒，具有越戰越勇的性格傾向，像一個受大家崇敬的英雄人物；只看大方向，不注重細節，雖有判斷力，但敏感度不夠，一旦錯了，便難以挽回。

4月7日

企圖心強，一旦認真起來，效率驚人，不論學習或工作，都能有不錯的成績；別人只要多灌

幾句迷湯，立刻將其視為自己人，知無不言、言無不盡，什麼該說的、不該說的，全都從口中傾瀉而出，毫不保留，只忙著享受暢言的痛快感，其它早已拋到九霄雲外。

4月8日

沒心機，人家說什麼就信什麼，雖然容易因此被稱讚為坦白率真，但也常被指責是搞不清楚狀況的白目王；在平時的言談之中，容易一不小心就顯露出自以為是的嘴臉，雖是無心，但別人會覺得不舒服。

4月9日

做事欠考慮，總是還沒搞清楚目的、做法、優勢和劣勢，就忙著捲起袖子開始行動，結果，

往往落得事倍功半的下場，然後又在事後氣急敗壞地謾罵，毫無建設性可言；對於風險的承受力比一般人高很多，願意接收新觀念，披荊斬棘、開創新局。

4月10日

腦筋動得快、手腳的速度更快，說風是風、說雨是雨，好處是有機會體驗精彩豐富的人生，壞處則是生命的波浪曲線起伏劇烈，危險性也加高不少；聽不進別人的建言，非要自己撞得頭破血流才甘心，容易因為過於自我、急躁不定的性格而壞了大事。

4月11日

真誠，有正義感，熱心助人，無論什麼樣的忙都願意幫，而且效率奇佳，在朋友之間的評價極高，可是，一旦遇到自己沒興趣的事，則變得懶散拖延，就算十萬匹馬力都拉不動，自我意識頗強。

4月12日

能夠誠實面對自己,雖然有時也會小小耍賴或逃避,但因具備自省檢討能力,所以懂得運用道歉哲學來彌補過錯;被讚美時,會有得意忘形的傾向,但不至於太誇張,有時反而讓人覺得自然可愛。

4月13日

具創造力,愛表現,懂得把握機會,為了想要達成某項目標,吃再多苦都甘之如飴,毫不畏懼退縮;好像是為了他人的掌聲而活,對一件事的賣力程度與掌聲的大小成正比,若別人未給予肯定,就像洩了氣的氣球,怎麼樣也提不起勁。

4月14日

　　十分自戀，喜歡在朋友面前猛提當年勇，也不管別人愛不愛聽，總是說得口沫橫飛，雖然，這麼做可以熱鬧現場氣氛，並成為目光焦點，但若次數過於頻繁，勢必造成反效果；脾氣來得快，也去得快，不累積仇恨，和每個人的每一天都是全新的開始，充滿希望與無限可能。

4月15日

　　即使心中對某件事已有定見，也不會一下子就全都說出來，因為擔心傳達不清，造成誤解，所以大多先憋著不說，但偏偏本性又是守不住祕密的人，最後總在不該說的時候全盤托出，問題變得更多、更大；知道自己有錯時，願意勇敢面對，拿出誠意解決。

4月16日

　　既有力道適中的衝勁，又有穩定堅持的力量，無論做什麼事都容易成功，在工作上的表現尤其令人激賞，也是自我肯定的重要來源；只關心與自己利益有關的事，過分自我，甚至自私，應學習在爭取勝利的過程中，同時也照顧到對方的心情與處境。

4月17日

　　火力雖然不強，但仍屬積極進取，表面上看起來似乎沒有令人驚喜的進步，其實早已蓄勢待發，只等一鳴驚人的機會到來；雖然，很享受朋友在一起的熱鬧氣氛，但有時也喜歡一個人行動的自在感覺。

4月18日

　　情緒在熱情與冷靜之間遊走，受周圍人事物的外力影響頗大，雖然偶有迷失方向的時候，但在大部分的狀況裡仍能保持不錯的平衡感，自由自在地生活著；很重視成就感，希望得到別人的讚賞，因此容易不擇手段、誤入歧途，造成無法彌補的遺憾。

4月19日

　　原則明確，絕不含糊，全身散發明亮卻不刺眼的光采，容易讓人產生信賴感；對自己期望太高，容易被失敗的挫折感擊倒，雖然不會因此一蹶不振，但也需要花一些心力和時間，才能恢復。

PART 2

遇見 4 種血型的牡羊座

星座和血型就像連體嬰，

談到星座，免不了要把血型拿出來講，

那麼，乾脆就讓它們大合體，

擦出更眩目的火花吧！

A型牡羊

　　牡羊說話就像不長眼的流彈，總是沒頭沒腦地四處亂竄，自己說得樂翻天，旁人卻早已被流彈所傷、不支倒地；A型惜字如金，對自我的表達能力沒信心，能少說就不多說，能不說就一個字也不會透露，什麼都放在心上，自己咀嚼、想像，不習慣與他人分享。

　　牡羊擅長的是開懷大笑的喜劇，A型擅長的是情緒糾葛的內心戲；牡羊特別喜歡在燦爛的陽光下奔跑玩樂，而A型則覺得待在幽暗的氣氛和空間裡，舒服自在許多。

　　無論從哪個角度來看，牡羊和A型的基本特質都是天差地遠，如果真要湊在一起，必有相互削弱或抵觸的部分。因此，牡羊的熱情變得不那麼強烈、衝勁顯得有些後繼無力、快人快語的力

道不足、意氣風發的架勢不見了、勇於冒險的精神減弱不少、追求新鮮刺激的心情也被淡化了，這些都是 A 型元素加入後的明顯反應。

接觸之初，A 型牡羊顯得害羞、低調，讓人誤以為是一隻溫馴的小綿羊，等到情勢漸漸明朗、情緒慢慢熱絡時，A 型牡羊就會拿掉遮掩的面具，扯開偽裝的外衣，展現真實自我，猶如破繭而出的蝴蝶，全心全意表現出最活潑美麗的一面，供大家盡情欣賞。

A 型牡羊全身上下最明顯的特質大概就是悶騷了。雖然，愛現的性格依舊，但好像總被一層紗蒙住似的，有一種隱諱的曖昧，欲放還收、欲熱又冷、欲進卻退的來來回回，連旁人看了都要耐不住性子了，A 型牡羊還是想不出一條明確的路線，吊足大家的胃口。

牡羊本質的自我和衝動被 A 型特質軟化了

不少，在積極爭取應有權益時，不忘站在別人的立場思考，盡可能在雙方之間取得皆大歡喜的平衡點，不再只是一昧地大聲嚷嚷說：「這是我要的！」也會記得問對方：「你覺得如何呢？」

　　A型牡羊少了容易令人覺得不舒服的尖銳與強硬，多了讓人感覺窩心的體貼與溫情，也許難免出現不太協調的矛盾，但就像從尖刀變成鈍器一樣，當威脅感大大降低時，給人的印象分數自然可提升不少。

A型牡羊之最

- ✪ 最慌張
- ✪ 最熱心助人
- ✪ 最悶騷
- ✪ 最衝突

B型牡羊

　　牡羊腦筋轉動的速度和動作一樣快，想到什麼就做什麼，標準的急驚風性格，一輩子跟「慢」這個字沾不上一點邊，任何時候講求的都是快快快；B型喜歡伺機而動、隨風而轉，若是硬被限制在固定的模式裡，一定會精神衰弱，甚至發瘋崩潰，只有不停地改變轉換，享受新奇事物的刺激，才有存在感。

　　牡羊愛熱鬧，喜歡與人群同在的感覺，不管在一起的氣氛是快樂、是火爆、是相互角力……都無所謂，重要的是人與人之間互動的真實感；B型樂於與大家一起同歡，卻也需要擁有自我的空間，總之一切以開心為準則，只要自己感覺對了，做什麼都行、都好。

　　牡羊和B型的結合有著相輔相成的意味，水

幫魚，魚幫水，大家都快樂。不嚴肅、不囉嗦、不死板的 B 型，讓牡羊衝衝衝的性格更加誇張放大，使得牡羊做起事情來特別順手，每天都過得愉悅爽快，簡直是如魚得水、如虎添翼，樂翻天了。

B 型牡羊是典型的派對動物，哪裡有樂子就往哪裡鑽，喜歡追求釋放的快感、亢奮的刺激、忘我的狂歡，和誰都能很快變成朋友，但大多只是一夜歡談或擦出短暫的心靈火花，絕非知己之交。

別人說一，就不會想二，B 型牡羊對人採取完全信任原則，主觀認為自己覺得是對的，其他人也會點頭同意，自己覺得是好的，其他人也會舉雙手贊成，沒心機，藏不住話，容易被人一眼看穿。

B 型牡羊對於情緒的掌控能力顯然不怎麼好，遇到開心的事，呼朋引伴，大瘋大笑，毫不收斂，

一旦不順心了，氣急敗壞，暴跳如雷，就像個小孩似的，有糖吃和沒糖吃的時候判若兩人，過於任性自我，讓人覺得情緒不夠穩定，無法託與重任。

牡羊與 B 型若能相互產生良性影響，B 型牡羊就是一個熱情爽朗、自信亮麗、人見人愛的天之驕子，但若是捨棄好的一面，不小心加強了雙方的負面特質，那麼 B 型牡羊就會成為自負自大、有勇無謀、輕浮誇言的過街老鼠了。凡事一體兩面，選對方向，才有美好未來。

B 型牡羊之最

- ✪ 最活潑
- ✪ 最不會煩惱
- ✪ 最大膽
- ✪ 最容易被理解

⚔ O型牡羊

　　牡羊的爆發力不需要醞釀，它是即時即刻的，而且震撼力巨大無比，保證讓所有人在最短的時間內，感受到終生難忘的恐怖威力；O型的急性子、火爆脾氣，向來是遠近馳名的，只要有一點不對勁，翻桌、拿武器、破口大罵……多箭齊發，毫不客氣，絕不留情。

　　牡羊超級直爽，從不玩拐彎抹角的遊戲，迂迴和繁複只會讓耐心更快速地消磨，讓心中的怒氣燃燒得更猛烈，所以直來直往絕對是一貫不變的作風，而在這方面的表現，O型也不遑多讓，喜歡坦白說、直接做，討厭扭捏作態、畏縮遮掩，真槍實彈上場，不但為自己留下一次又一次的輝煌記錄，也給大家狠狠的痛快。

　　要說牡羊與O型是乾柴烈火的組合，似乎名

符其實，但要說是一山難容二虎的相斥組合，好像也不無道理。總之，這個組合就像在照鏡子，一起生氣、一起瘋狂、一起找樂子，頻率幾乎同步，想法也沒什麼落差，你有的毛病我也有，你有的優點我也行，相伴相隨。

O 型牡羊是大剌剌的漢子，大口吃肉、大口喝酒、大聲說話和高歌，完全不在意旁人的眼光，只在乎自己的人生是否過得爽朗痛快，強調大方向和隨機應變，至於那些為了拿一百分而要求的小細節和事前準備功夫，都被視為矯揉造作的小人心機，嗤之以鼻。

如果有人天真地以為自己有辦法對 O 型牡羊說之以理、動之以情，那恐怕真是不自量力啊！牡羊的死硬脾氣再加上 O 型的固執，就像千錘百鍊的萬年之岩，誰也別想動什麼改變、軟化、塑形之類的腦筋，只能用時間慢慢等、緩緩熬，直到某天，自己開竅了，才能圓滿落幕。

O型牡羊的白目程度，大概是一般人很難想像的，有時候，這樣的性格會讓人有可愛的感覺，但若遇到重要的場合或關鍵的緊張時刻，渾然不覺的白目性格則變成置人於死地的劊子手，往往令人尷尬難堪。

樂觀、積極、行動力強，這些都是O型牡羊的優勢，但一個人的能量若過於偏向某一方，在極大值與極小值的作用力長期相互干擾之下，勢必失衡，造成遺憾，最好應該時時提醒自己做些適當的調整。

O 型牡羊之最

✪ 最積極主動

✪ 最衝動

✪ 最大而化之

✪ 最固執

AB 型牡羊

　　牡羊喜歡高調談論自己的豐功偉業，因為那是成就感的來源，也是支持自己繼續征戰四方、冒險犯難的最佳動力，活躍的心，從沒有休息的時候；AB 型強調的是精準確實，還沒發生的事，絕不會透露半點風聲，一直要等到情勢明朗、勝券在握時，才會以君臨天下的氣勢讓大家驚嘆與臣服，對自己有十足的信心，不需外求。

　　牡羊是一個標準的直腸子，為人直率，說話直接，做事直截了當，只要稍微轉個彎或走一下彎路，就嫌煩嫌累；AB 型則認為凡事都要用點心思，甚至心機，才能用最少的力氣達到最大的效果，絕不會以為只憑著一股蠻力胡闖亂撞，就能贏得勝利。

　　牡羊和 AB 型的基本特質是大不相同的，偶有

互補，偶有互斥。原本熱愛人群的牡羊，受到 AB 型陰晴不定的情緒影響，也變得不那麼開朗樂觀，有時甚至會出現難得的沮喪和悲觀，但相對地，牡羊粗魯、衝動、直言的毛病，也因為 AB 型的冷靜、謹慎和精準，獲得了修正調整的機會。總之，兩者良性的磨合，亦是美事一樁。

遇到某隻牡羊，感覺不似印象中的大鳴大放、大笑大叫，那鐵定是 AB 型作祟，減弱了牡羊的陽光特質和誇張笑聲。AB 型牡羊時而陰鬱、時而活躍的性格，極具衝突性，常常連自己也覺得很難適應。

AB 型牡羊對於自己有興趣的議題十分投入，會花費大量的精神和心力去研究，往往能成為這個領域的達人，但也容易變成極端分子，主觀、偏激，容不下其他聲音和意見。

AB 型牡羊的企圖心特別強烈，對於鎖定的目

標，不僅能事前做好縝密周詳的計畫，而且有說做就做的行動力，以及克服萬難的決心，具有高度的成功條件，但要注意與人相處時的態度，驕者必敗，無時無刻都應提醒自己謙遜有禮、體諒包容。

　　牡羊的灑脫與 AB 型的精密，牡羊的直接與 AB 型的迂迴，牡羊的過度樂觀與 AB 型的極端謹慎，都是很大的反差，如何協調、撮合，是一輩子都要學習的功課。

AB 型牡羊之最

　　✪ 最大男人主義

　　✪ 最極端

　　✪ 最有好奇心

　　✪ 最喜歡刺激

12 星座最怕哪些事？

牡羊　最怕沒搶到第一，最怕依賴別人，最怕無聊。

金牛　最怕變動，最怕沒有美食，最怕沒錢。

雙子　最怕資訊落後別人，最怕一成不變，最怕拖太久。

巨蟹　最怕沒依靠，最怕冒險，最怕緊急狀況。

獅子　最怕沒面子，最怕安靜，最怕冷清。

處女　最怕失序，最怕髒亂，最怕被指責。

天秤　最怕沒朋友，最怕沒人陪，最怕失態。

天蠍 最怕沒隱私，最怕沒權威，最怕被背叛。

射手 最怕給承諾，最怕被限制，最怕愛計較。

摩羯 最怕速度太快，最怕不受尊重，最怕不確定。

水瓶 最怕沒自由，最怕守舊，最怕太感性。

雙魚 最怕壓力，最怕被規定，最怕被要求負責任。

PART 3

牡羊與各星座的美味關係

當牡羊與各個星座碰在一起,

會產生什麼化學變化,

能變出什麼美妙的人生滋味呢?

你也來嘗嘗吧!

牡羊 VS 牡羊

關係指數 ★★★★★

特調滋味 厚實濃烈

秘密武器 福禍與共

　　牡羊心中坦蕩，無愧天地，做人做事光明磊落，天不怕地不怕，把冒險犯難當成一種體驗人生的享受，對於貧乏單調的恐懼更甚於受傷挫敗，不願用循規蹈矩來換取安全，寧可接受挑戰、對抗強權，非要把自己弄得渾身是傷，才覺得符合熱情勇敢的英雄主義。

　　每每面對一件事，從決定、執行到結束，只能用風馳電行來形容，急得不得了，屬於趕死人不償命的衝動派。好奇心強，對自己有興趣的事物，全心投入、全力以赴，反之，則絕不勉強自

己，甚至連正眼瞧一眼都懶得，對於喜惡的反應很極端。

企圖心強，信心滿滿，凡事都想搶第一、拔頭籌，相信只要是自己想得到的，一定能達陣成功，沒有輸的理由，只有贏的希望，隨時隨地抱持的信念都是積極樂觀和永不言敗。

兩隻牡羊的相處就像兩個嘴巴硬、脾氣臭的人碰在一起，實在很難有安靜平和的場面出現，若不是你來我往地相互對損、大打出手，就是同聲齊樂或同聲齊罵，呈現一種火裡來水裡去的豪邁姿態。有時，外人因為兩人的火藥味太濃，深怕弄假成真，其實，兩隻牡羊自己心裡倒很清楚，就算打得鼻青臉腫，看似快要出人命了，也不必大驚小怪，因為這才是兩人最真切的相處語言和模式，更是為情誼加溫的利器。

牡羊十分珍惜同甘共苦的革命情感，嘴裡嚷

嚷著任何人都不能破壞規矩，在大家面前也常對著同是牡羊的夥伴咆哮吼叫，嚴得得很，但事實上，卻總是想盡辦法放水給同夥，是一個有情有義、真誠熱情、值得長久交往的朋友。

◈ 如何調出兩人的美味關係？

你有的，對方也有，你缺的，對方也缺，兩個人就好像照鏡子一樣。感情好的時候麻吉得不得了，但是一言不合、起衝突時，嚴重性也會甚於其他人。其實，彼此對對方的心情是惺惺相惜的，不僅相互欣賞優點，也會為對方的弱點擔心，那麼，何不勇敢地表達出自己心裡真正的心意呢？兩人應該經常交換生活心得，多給予對方鼓勵，要說氣話之前先冷靜一會兒再溝通，即可避免無謂的爭端。

 **牡羊 US 金牛**

關係指數 ★ ★ ★

特調滋味 甜中帶苦

秘密武器 平等共處

　　金牛喜歡看得到、摸得到的具體實物，因為真實的擁有能帶來安全感，不必為虛幻或充滿變數的未知空等，已經握在手上的才算得上是資產。做人可靠，做事穩重，待人和善客氣，對自己的技能和才華有信心，但不會喧嚷自誇，強調以實績服人。

　　動作緩慢，按部就班，重視計畫，一旦處於快速多變的狀態，會有幾近心臟病發的不適感，對於周遭一切變化完全來不及消化和反應，容易造成沮喪和挫敗感。觀念保守，思想刻板，不敢

冒險，也不想嘗鮮，覺得規律安穩的生活即是最大的快樂。

喜歡吃美食和具美感的事物，平時節儉成性，每花一分錢都要再三斟酌，但會為一次豐盛的大餐或一件嚮往已久的昂貴物品實行存錢計畫，只要一存夠錢，便毫不猶豫地買下，享受自給自足的踏實感。

做什麼事都只看前不看後，而且事事求快耍狠的牡羊，和時不時都要回顧一下，老是走三步退兩步的金牛湊在一起，任誰都會覺得滑稽又不知該從何說起才好。兩人的調性天差地遠，就像一個機器裡的兩種零件，無法直接合作，必須共同遵守某項遊戲規則，並藉由其他條件的搭配，才能安然無恙地同時存在。

牡羊對金牛的觀念和做事方法很難認同，即便金牛有成功案例來證明自己的實力，牡羊仍不

以為然，總覺得金牛動作慢，不能掌握先機；金牛只會遵循計畫，不懂得隨機應變；金牛太保守，沒有冒險精神。所以，金牛既承擔不了開疆闢土的重責大任，也無法培養廣闊的心胸和過人的勇氣，一輩子只能守著家園，哪兒也去不了。

◇ 如何調出兩人的美味關係？

　　一個是急性子，一個是慢郎中，兩人的關係並非絕對的對立，相互干擾與相互協助的部分也不大，就像曾經打過照面，但彼此不熟，只是各自過著生活的鄰居。既然雙方之間有本質的差異，就要學著尊重對方的想法和做法，一方不可強勢的要求，另一方也不需以弱勢自居，否則久了一定會爆發難以想像的問題，倒不如平時就建立平等的觀念，自然就可相安無事地繼續相處下去。

牡羊 VS 雙子

關係指數 ★★★★
特調滋味 香氣逼人
秘密武器 攜手尋歡

　　雙子的想法千變萬化，手腳爽利明快，全身細胞永遠都處在活躍跳動的狀態，就連睡覺做夢都能想出令人拍案叫絕的新點子，生活有趣精彩。辯才無礙，善於交際，什麼話題都能聊，什麼人都能相處融洽，但大多口頭之交，對於累積情誼並沒有幫助。

　　對於訊息的蒐集、處理和傳遞能力，無人能及，好聽的說法是人人崇羨的資訊達人，但較貼近事實的稱號應該是唯恐天下不亂的八卦王，整天穿梭在如槍林彈雨的大小資訊之間，不但不覺

得紛亂煩擾，反而有一種蓬勃生動的趣味，不亦樂乎。

　　遇到該負責任時，不是插科打諢混過去，就是用裝死的方式逃避，不是一個有承擔力的人。做事只有三分鐘熱度，過了興頭就棄置一旁，也不管完成程度如何，很難老老實實地做好一項任務。

　　雖然，牡羊的脾氣是帶著火氣的急躁，而雙子則屬於秋風掃落葉的性急，方向不同，表現手法不一，但卻還算有共識──急速和快捷。兩人對於這世界都有用不完的好奇心，看見這個喜歡，遇到那個也想要，無法抗拒新鮮事物的誘惑，恨不得活在千變萬化的感覺和場景裡，比任何人都急於知道最新而有趣的訊息。

　　牡羊樂於當一個擁有指揮權、受人景仰、彷若偉大英雄的領導者，因為那是被人肯定的象徵，

響亮的名聲和支配的權利是如此迷人。但雙子卻只想在興致來的時候，和大家分享八卦、說說笑笑，開心就好，根本不在乎自己有沒有家財萬貫或是否位高權重，覺得無拘無束的自由之身才是自己終極一生的目標。

◈ 如何調出兩人的美味關係？

從外表看來，兩人喜歡的事物和行事的風格似乎不完全相同，但若仔細研究分析，就會發現根本是殊途同歸的同路人。兩人不但有著極大部分的相似特質，而且還有共同的習性和興趣，如果能時常彼此分憂、分擔、分享，便可讓原有的優點發揮得淋漓盡致，且對於增長見識和改善缺點亦有莫大助益。

 牡羊 vs 巨蟹

關係指數 ★ ★

特調滋味 甜鹹不調

秘密武器 相互包容

　　巨蟹在這世上最愛的、最想照顧的就是自己的家人、族人、同類人，只要能扯上關係或有共同之處，便掏心掏肺、犧牲奉獻，而且完全不求回報，是一個寬大為懷、溫厚親切的人，不過，容易膽怯畏縮，也沒什麼主見，經常處於猶豫不決的狀態。

　　生性敏感，尤其對於人情世故的細微變化，更是感知深刻，很會看人臉色，但卻不懂得排解情緒，再加上習慣以悲觀負面的角度來解讀事情，以致於常自陷憂傷可憐的氣氛之中，難以自拔。

面對不合理或不舒服的情況時，總是不自覺地壓抑情緒，等到忍無可忍時，才整個大爆發，猶如突然投下一顆原子彈，讓人感覺情緒反應十分兩極。理財觀念強，不僅精打細算，而且懂得對收入和支出做完善規畫，絕不會發生寅吃卯糧的慘劇。

陽光開朗的牡羊實在沒興趣知道巨蟹到底為了什麼，一天到晚哭哭啼啼、擔心憂慮，也不想瞭解巨蟹怎麼永遠都有起伏不定的情緒和用不完的感覺。兩人分屬於兩個世界，沒有交集、互不相干，沒有誰必須承受誰的批評和指責，因為那只是公說公有理、婆說婆有理的無謂爭執，對改善雙方關係毫無助益。

牡羊只在乎自己的需求和感受，可以一個人滔滔不絕地講述著自己的觀點和理想，也不管其他人有沒有興趣聽，一切所作所為的重點只在於「自己覺得開心」。而巨蟹完全不同，敏感纖細、

極在乎別人的看法，老是怕自己說錯話或做錯事，只好像個小媳婦躲在一旁，期待被發現、引導、拯救，是一個不善於表達內心想法的人。

◈ 如何調出兩人的美味關係？

一個要往東，另一個就想往西，一個覺得美妙開心，另一個就嗤之以鼻，兩人來自不同的世界，話不投機、水火不容，不管從哪個角度切入都無法找到共同點，若硬要湊在一起，只會消耗彼此的時間和精力，並留下一堆歇斯底里的怨言。倒不如學著尊重對方，你走你的陽關道，我過我的獨木橋，不強求，也不期待，彼此會過得更快樂。

牡羊 VS 獅子

關係指數 ★★★★★

特調滋味 香辣夠味

秘密武器 共創高峰

　　獅子把自己定位成一個君臨天下的王者，所以喜歡指揮別人、習慣發號施令、重視排場、講究氣氛，無論出現在什麼場合，一定要成為最閃亮的那個顆星，炫目華麗且光芒四射，若有人膽敢對君威不敬或對君命不從，必以威猛狂嘯的獅吼功伺候，非要對方懾服不可。

　　熱情樂觀，正直誠懇，魅力十足，在群體中能發揮以正面能量感染他人的效果，即便自己遇到煩惱或傷心的事，仍願意伸出援手去幫助別人。具創造力和戲劇天分，樂於將自己心裡真實的想

法，藉由創意和表演與人分享，沒心機，不計較，更無害人之心。

因為自命不凡，所以驕傲自大、霸道武斷，因為自封為王，所以不容異己、重權要勢，而且脾氣特別大，為所欲為，只要有人不小心犯了忌諱，就大動肝火，容易讓人留下喜怒無常的印象。

牡羊和獅子有許多共通點，例如樂觀、行動力、領導力、正直率真等等，所以兩人有一見如故的親切感，不必多言，就能瞭解對方的意思，即使牡羊沒和獅子做任何的事前溝通，但只要隨口提出一個想法或計畫，卻總能一次到位，正中獅子的心，節省許多唇槍舌劍的精力和時間，雙方默契可說是好得不得了。

凡事總是一體兩面，牡羊和獅子除了有相同的優點，當然也有一樣的缺點，例如脾氣火爆、自我獨斷、做事不留餘地等等，因此，兩人因為

意見不合而爭執不休的場面時有所聞，甚至可能大打出手，絕不留情。所幸，雙方都是氣得急、也忘得快的人，不一會兒功夫，又可以看到兩人嬉笑打鬧的融洽畫面，至於之前的不快，早已拋至九霄雲外。

◈ 如何調出兩人的美味關係？

兩人對於事情的看法、欣賞的風格、喜歡的類型，總是不謀而合，好像這些狀態是特地為彼此量身定作似的，契合得令人驚嘆。因為溝通管道暢通、做事速度和方法相近、相互信任依賴，又有共同的理念，所以很適合成為親密夥伴，無論是哪一方面的合作搭配，都能創造出好成績，是一段值得終生經營的正面關係。

牡羊 VS 處女

關係指數 ★★★

特調滋味 苦中帶酸

秘密武器 親疏分明

處女的分析能力和組織能力皆高人一等，不管面對再怎麼混亂雜錯的狀況，都能在最短的時間內理出一個清楚明確的頭緒，以及讓所有人都覺得滿意的結果，勤奮努力，堪稱處事高手、效率達人。

精密有序是基本要求，確實負責是中心思想，完美無瑕是必達標準，即使因此必須過著嚴謹忙碌的生活，亦覺得開心充實，毫無怨言。雖然，表面看起來是一個事事實際、利益分明的人，其實具有高度熱忱，樂於為需要幫助的人提供服務。

自己嚴守紀律，也強迫別人跟著遵循，看什麼事都不順眼，愛批評、愛挑剔，整天嘮嘮叨叨、碎唸不停，讓旁人大呼吃不消。在人前的表現總是謙遜有禮、不爭不搶，但在人後的真實面目卻是錙銖必較，手上不僅握緊了箭，同時也備好了盾，可攻可守，絕不吃虧。

　　牡羊神經大條、行事風格大剌剌，有時甚至表現出嚴重地漫不經心，為此常付出不小的代價，卻從不記取教訓，因為牡羊認為隨心所欲的冒險，可能為自己的人生帶來驚異的、意料之外的風景，即使因而必須受苦受傷，也覺得值得。而處女則謹慎嚴密，絲毫不放鬆，為了預防可能的風險，必祭出全面圍堵防範的高警戒措施，力求做到滴水不漏的程度，不想日後為任何的疏忽而懊悔遺憾。

　　一向以沒耐心著稱的牡羊，常被處女的叨念囉嗦惹毛，好像大腦持續被一種不友善的磁波干

擾著，苦不堪言。當牡羊為了確定大方向、成就大事業而急得像熱鍋上的螞蟻，處女卻在一旁忙著雞蛋裡挑骨頭時，牡羊便恨不得立刻把處女丟到遠遠的天邊去，眼不見為淨。

◈ 如何調出兩人的美味關係？

對於對方的神情態度與處事風格，十分不以為然，甚至鄙視不屑，總覺得自己什麼都比對方好，只要有一方說一句話或做一個動作，另一方立刻就表現出不耐煩、不苟同的嘴臉，互看不順眼。但是，冤冤相報何時了，這時候反而應該用更多的愛與耐心，包容對方，檢討自己，才有可能化干戈為玉帛，轉負為正，創造雙贏的局面。

牡羊 VS 天秤

關係指數 ★★

特調滋味 甘苦交混

秘密武器 尊重對方

天秤很在意平衡的問題，左邊是十公斤，右邊也要是十公斤，左邊放了一朵花，右邊也要放一朵花……只要一看到左右不對稱，就覺得渾身不舒服，非要想辦法改善，直到合乎公平公正的標準為止。

為人客氣溫和，與人相處融洽，喜歡愉悅舒服的氣氛，所以總是盡其所能地避免爭端是非；當問題的關鍵人是自己時，委曲求全、以和為貴，當問題出在他人身上時，則自願擔任居中協調者，為的就是能大事化小、小事化無，大家和睦愉快

沒紛爭。

注重形象，氣質出眾，親和力與溝通力特別好，活躍於各個人際社交圈，擁有迷人又知性的公關魅力。浪漫的理想主義者，紙上談兵的功力遠遠超過真槍實彈的實戰經驗，再加上愛享樂、不愛工作的習性，容易給人安逸懶散、光說不練的印象。

牡羊不僅內心希望自己成為群體中最出色、最被崇敬的人，而且以快速而具體行動證明自己的實力，並大張旗鼓地昭告天下，是一個凡事以自我為中心的人。而天秤與牡羊最明顯的不同即在於自己與他人之間的平衡、對抗，在天秤的習慣和觀念裡，總是以對方的需求為先，當自己決定往右，而他人卻決定往左的時候，天秤最後一定會捨棄自己原先的選擇，從善如流。

牡羊是天秤所配合的眾多對象之一，但牡羊

並不因此而感激或欣賞天秤，相反地，牡羊認為天秤既沒原則，又沒個性，別人只要隨口說一句話，甚至可能只是玩笑話，天秤馬上就改變立場，不願意為自己的想法堅持到底，是一個缺乏勇氣、不夠有擔當的人。

◇ 如何調出兩人的美味關係？

雙方的關係是既衝突矛盾，又掙扎拉扯，好像只要兩人同時存在一個空間裡，氣氛就變得不對勁，不是雞飛狗跳，就是僵持不下。其實，彼此的狀態就像蹺蹺板，一邊高的時候，另一邊就必須低，相互配合才能和諧，如果硬要都爭高或都搶低，下場當然很慘烈，還不如先談妥搭配的方式，並從禮讓和瞭解對方做起，一定可以慢慢地漸入佳境。

 **牡羊 US 天蠍**

關係指數 ★★★
特調滋味 嗆辣刺激
秘密武器 事緩則圓

　　天蠍因為精明幹練、執著專注，所以被人視為不好惹的狠角色，又因為嫉惡如仇、報復心強，而被當作可怕的冷血者，在群體之中，就像一個天生的絕緣體，凡人不敢靠近、常人避免接觸，大家都躲得遠遠的，深怕一不小心就成了毒螫下的祭品。

　　外表看起來冷酷幽暗、默不作聲，其實是一個外冷內熱、用情至深的人，全身散發神祕的吸引力，一旦決定付出，就難以收回，而且要求對方同等投入，否則玉石俱焚；無法忍受被背叛，

占有欲極強。

具有如偵探般敏銳的直覺和洞察力，能一眼看穿對方心裡的真實想法，主觀意識強烈，對於追求真相和揭發內幕特別感興趣。善用謀略，執行力強，勇於克服困難，不輕易被挫折打倒，說到做到，絕不含糊其事或打馬虎眼，極具競爭力。

如果牡羊是白天，天蠍就是黑夜；如果牡羊是陽光，天蠍就是烏雲；如果牡羊是白色，天蠍就是黑色。牡羊不懂天蠍為什麼老是要躲在暗處、為什麼不多接近人群，享受笑聲不斷的歡樂時光，而天蠍則對於牡羊莽撞行事、單純天真、一昧樂觀的傻呼呼模樣，嗤之以鼻，覺得牡羊只會逞匹夫之勇，並沒有真材實料。

當牡羊興沖沖地與天蠍分享開心或驕傲的事，天蠍總是保持一貫冷靜的態度看著、聽著，反應冷淡，少有互動，而這樣的表現讓熱情如火的牡

羊像被澆了一盆冷水，心裡很不是滋味。牡羊和天蠍雖然不太對盤，但還好性格一冷一熱，想吵也吵不起來，常常都是一個火大叫囂，另一個則面無表情地直接走開，絕不會鬧到兩敗俱傷的慘烈下場。

◈ 如何調出兩人的美味關係？

即使對方什麼都沒做，也沒礙到誰，但彼此對對方都有一種說不出個所以然的反感，只是還不到針鋒相對的地步，不會在檯面上把自己心裡真正的想法全盤托出，尚為對方保留一些面子，也為自己留些餘地。道不同不相為謀，既然不適合湊在一塊兒，就不應該勉強，只要各司其職，把該做的事做好，井水不犯河水，自然也就皆大歡喜了。

 # 牡羊 VS 射手

關係指數 ★★★★★

特調滋味 香辣夠味

秘密武器 共創高峰

　　射手就像讓人心情大好的暖陽、可治百病的笑聲、充滿希望的正向能量，一切變得如此美好，是一個人人都想接近和學習的對象。喜歡接觸新事物，經常旅行，結交各領域的朋友，富哲學思考，同時具有行動力和實踐力，所以智慧過人、知識廣博。

　　不受框架的侷限，不理會制度的規範，熱愛自由，奔放開闊，即使付出的代價是不斷地被騙、被傷害，亦無所謂，依然樂觀開朗，勇敢冒險，為的就是尋找別人一輩子也到不了的奇境聖地。

口沒遮攔、快人快語，往往刺傷了對方的心卻毫無知覺，老是顧著自己開心，卻忘了替別人著想。過於理想化，還沒想清楚得失利弊就直接衝出去，十次有九次都以傷痕累累收場。說話誇大，動作誇張，又害怕承諾，特別容易給人留下不牢靠的負面印象。

　牡羊的急性子在別人的標準裡被解讀成衝動魯莽，但在射手眼裡卻是值得稱許的冒險精神；牡羊的心直口快對一般人來說是不經大腦思考的沒禮貌行為，但射手卻覺得這是一種直率可愛的表現。牡羊和射手臭味相投，氣味相吸，無論在一起做什麼都覺得快樂又有默契。

　牡羊喜歡新鮮事物，看到什麼都想嘗試，急著想往危險的末知裡鑽，而一旁的射手不但不出手制止，還興致勃勃地宣示加入。兩人快樂出航，乘風破浪去尋找刺激，遇到晴空萬里的好日子，一起高聲談笑、自在徜徉，遇到雷電交加、狂風

巨浪的危機，一起攜手共度難關，這一路上，都是美好回憶啊！牡羊和射手即使有爭吵，也只是一時的情緒發洩，吵過就忘、氣過就消，最後的結局還是開心歡樂的。

◈ 如何調出兩人的美味關係？

兩人的契合度是百分百，一方只要眨眨眼，另一方就知道意思，是靈魂伴侶，也是精神支柱，更是可以同甘苦共患難的知心好友，不必多說就能心領神會，無論在一起做什麼都覺得開心自在，而且理念和價值觀一致，即使偶爾發生意見分歧的狀況，也很快就能取得共識，並尋得解決之道，互動關係十分完美。

 **牡羊 VS 摩羯**

關係指數 ★★

特調滋味 甜鹹不調

秘密武器 相互包容

　　摩羯喜歡遵循古法、重視禮教、實力雄厚，而且特別強調安全，凡事只要可能承受風險，哪怕只是小得微不足道，談不上任何威脅，一樣會斷然拒絕，是一個不折不扣的老頑固、老長官、老學究。

　　一生之中有百分之九十的時間都用在工作上，除了真實的工作時間比一般人長許多之外，連休息、甚至睡覺都在想與工作有關的事，是大家公認的工作狂，生活規律而缺乏變化，刻板而不懂情趣，成熟而過於嚴肅拘謹，認真可靠而沒有意

外的驚喜。

　深沉內斂，情感壓抑，有點悲觀傾向，但意志力和執行力十分驚人，一旦確定目標就不會改變，持續穩定地前行，雖然速度不快，但是步步走得踏實，再加上絕佳的領導力與組織力，往往能成為跌破大家眼鏡、最後坐上成功者寶座的人。

　勇敢和熱情是牡羊最鮮明的標幟，但這兩項卻很難在摩羯身上找到。摩羯是一個極為謹慎的人，視勇敢為橫衝直撞的魯莽，視熱情為樂昏過頭的放縱，堅持保守與冷靜，以策安全。牡羊覺得摩羯是個不折不扣的悶葫蘆，可以大半天不說一句話，卻不顯一絲煩躁，這點對無時無刻都想發表高論、恨不得臉上長出三個嘴巴的牡羊來說，根本就是人生最殘酷的懲罰，難以理解。

　不過，性格有著天壤之別的牡羊和摩羯倒有一個共通點，那就是兩人都對未來充滿企圖心。

牡羊總是摩拳擦掌、躍躍欲試，等著立下豐功偉業來受眾人景仰，而摩羯雖然外表低調內斂，但其實內心早已備妥完善的作戰計畫，正一步步穩定踏實地向成功寶座邁進。

◈ 如何調出兩人的美味關係？

基本上，兩人的性格差異是不小的，不是快與慢、熱與冷的組合，就是動與靜、攻與守的搭配，很難被放在同一個天秤比較，也極少被拿來一起配對。但其實雙方還是有一兩個相似之處，暗暗地支撐著彼此的友誼架構，只要一方肯用心發掘，並將自己的想法誠懇地表達出來，很快就能打破藩籬，建立良好新關係。

牡羊 VS 水瓶

關係指數 ★★★

特調滋味 酸中帶苦

秘密武器 親疏分明

　　水瓶忽遠忽近、忽淡忽濃、忽冷忽熱的詭異性格，總是得到兩種極端的評價，那些熟識的麻吉好友，異口同聲說這就是不矯揉造作、自然泰若的真性情表現，而那些初次見面的陌生人，則破口大罵：「不懂地球遊戲規則的外星人，有什麼好跩的啊！」

　　獨立創新，冷漠主觀，叛逆孤僻，以致於在群體中顯得格格不入，常常冷不防地就躲進只有自己瞭解的世界，與世隔絕，不想理人，也不想被理。其實，內心裡深藏著博愛、為人類服務的

高度理想，只是懶得解釋，覺得時機到了，該懂得的人就會懂得，不需多費唇舌。

雖然才華洋溢，但不刻意外露，雖然具備賺大錢的能力，仍淡泊名利，一生最怕的事就是失去自由，寧願當一個餓著肚子卻滿懷理想的自由鬥士，也不願成為口袋滿滿卻綁手綁腳的大富豪。

牡羊喜歡走熱鬧繁華的大街，水瓶特愛人煙稀少的僻巷；牡羊喜歡有話直說，水瓶特愛沉默不語；牡羊多的是拔刀相助的正義感，水瓶有的是關懷社群的博愛之心。兩人走的路線沒什麼相似交疊之處，所以不太可能發生衝突，但也少有融洽和樂的畫面。

平時，牡羊和水瓶因為興趣不同、步調不一，實在很難混在一塊兒，但是當牡羊得知水瓶正為了多數人的利益而四處奔走時，也會熱心地捲起袖子來幫忙，而且不計較名分和利益，是一個在

別人有難時，願意情義相挺的熱血之人。而水瓶雖然不完全認同牡羊的行事風格，卻也樂意在緊要關頭時，提供一些奇異獨特且具體可行的點子，幫助牡羊順利克服障礙、走過險境，算是可助牡羊一臂之力的意義之友。

◇ 如何調出兩人的美味關係？

彼此之間存在著一股莫名的吸引力，但卻不十分強烈，清清淡淡、輕輕盈盈，相處的時候，感覺愉悅自在，不相處的時候，也不會特別想念，像是一種相互欣賞但不親密的隨緣感覺。其實，雙方各有優點，倒是缺點的部分比較類似，所以特別需要相互提醒、規勸，把對方當成明鏡，隨時修正自己的缺失，才能共同進步提升。

 **牡羊 vs 雙魚**

關係指數 ★★★

特調滋味 甜中帶苦

秘密武器 各退一步

　　雙魚愛上的是一種感覺，一種迷濛夢幻的感覺，一種無法具體描述，但卻使人無限依戀的感覺，那是精神層次的追求、心靈寄託的依歸，只有遠離複雜刺激、針鋒相對、物欲橫生的陸地，回到溫暖柔軟的廣闊海洋，才能放心地悠遊，感受前所未有的舒適安全。

　　天真浪漫，單純脫俗，慈悲體貼，特別同情貧苦弱勢的可憐人，即使自己只剩一碗飯，也會毫不考慮地先給最需要的人吃，然後再一邊忍受飢餓、一邊尋求更多援助，是一個善良又寬厚

的人。

　　喜歡逃避，自制力弱，缺乏判斷力，容易受
騙或受誘惑，而且一旦陷入深淵就很難自拔，經
常遊走在善與惡的交界。直覺、潛意識、玄學、
神祕學等靈性方面的啟發能力極強，藝術天賦高，
在音樂、戲劇、寫作、舞蹈等方面的表現優異，
令人讚嘆佩服。

　　牡羊喜歡吃得到、看得到、摸得到的東西，
當然更包括實質的利益和舉世皆知的名聲，為了
這些具體的獲得，牡羊總是卯盡全力爭取，甚至
不擇手段地搶奪，是一個物欲強烈的名利追求者。
而雙魚卻對於想像的、虛幻的、夢境的一切事物
特別有「感覺」，可以衣著簡陋、餓著肚子地談藝
術、心靈和形而上的哲理，既不覺得難為情，也
不感覺辛苦，想法和觀念是脫離於一般世俗標準
之外的。

牡羊和雙魚分別代表了物質和精神、強硬和柔軟、集中和散漫，所以兩人相處時的氣氛很難融洽，當一個人急著趕路奔向目的地時，另一個還像沒事一樣地邊玩邊逛，導致一方氣急敗壞，另一方卻仍在狀況外的窘境，是時有所聞且不易改善的。

◈ 如何調出兩人的美味關係？

　　對方的長處是自己缺乏而且羨慕的，對方的短處是自己獨有而且有能力幫助對方改善的，彼此的關係就好像優缺點互補的組合。剛開始相處時，可能因為性格的差異而有所保留或顯得尷尬，但只要一方願意先卸下防衛的面具，拿出具體的誠意來，兩人之間立刻多了一座用溫暖和真誠造成的友誼橋樑，從此相輔相成、愉快融洽。

12星座笑傲群星的過人特質

牡羊 行動力，勇敢，急躁，天真，自信。

金牛 節儉，耐力，固執，鑽牛角尖，穩重。

雙子 幽默，速度，機智，話多，八卦。

巨蟹 愛家，敏感細膩，懷舊，包容力，情緒化。

獅子 領導力，創造力，表演天分，自大，風度。

處女 責任感，批判，守規矩，挑剔，細心。

天秤 猶豫，社交力，愛美，和諧，善辯。

天蠍　心機，嫉惡如仇，吃醋，冷酷，神祕。

射手　愛玩，樂觀，熱情，誇張，神經大條。

摩羯　事業心，執行力，堅持力，嚴肅，認真。

水瓶　創意，搞怪，博愛，理性，好學。

雙魚　浪漫，胡思亂想，心軟，逃避，藝術天分。

PART 4

牡羊與各星座的愛情協奏曲

當牡羊與各個星座掉進愛的漩渦時，

怎麼做才能擁有一段讓人動心、覺得窩心、

感到開心的愛情呢？

這裡有祕技在此公開。

牡羊 love 牡羊

　　牡羊情人的脾氣爆點很低，一觸即發，稍有不對勁就大發雷霆，不鬧到滿城風雨絕不罷休，最好再來個對方被嚇到屁滾尿流的戲碼，那就更過癮了。不過還好的是，脾氣來得快、也去得急，才一轉眼，臭臉變笑臉，怒氣變笑聲，像疾風驟雨後的燦爛豔陽。

　　受不了欲迎還拒、半推半就的黏膩感，一旦有了愛情的感覺，二話不說，立刻化身為愛的戰神，全力發動攻勢，誓言用最短的時間擄獲對方的心；當愛的感覺消失時，亦是直來直往，無法忍受拐彎抹角、冷嘲熱諷，有什麼不爽快就大剌剌地說出來，直接給雙方一個痛快。

　　喜歡征服的勝利感、喜歡在愛情關係裡占上風、喜歡對方崇拜自己的眼神，討厭不說話的冷

戰、討厭對方在眾人面前不給面子、討厭對方死纏爛打，愛情字典裡沒有羞赧曖昧，只有清楚明白的要或不要。

牡羊的愛如狂風暴雨般急促猛烈，對方如果不懂得接招或沒有心理準備，可能不是被嚇得落荒而逃，就是被逼得喘不過氣來，但另一方若同是喜歡刺激、享受烈愛的牡羊，則所有問題迎刃而解，皆大歡喜。

如果愛是一種時而撞擊對立、時而情投意合的奇妙引力，那麼牡羊和牡羊還真是天造地設的一對，把打是情、罵是愛的經典愛情模式發揮得淋漓盡致。當一個氣憤難消時，另一個立刻使出同樣的狠勁，毫不客氣地火上加油，非把局面搞到一發不可收拾的程度才甘心，但其實這些都只是情緒發洩的正常反應而已，並不影響兩人堅不可摧的情感，你儂我儂、卿卿我我的恩愛畫面還是時常可見的。

◈ 如何吹奏兩人的愛情協奏曲？

要描述兩人在一起的感覺，最貼切的形容就是又愛又恨。當彼此磁場契合、頻率相同的時候，怎麼看怎麼順眼，就算對方講的話無聊至極，也能肉麻當有趣地笑得花枝亂顫，但如果兩人意見不合時，對對方的容忍度立刻降到零度，毫不留情面。所以，不妨多想想對方的優點和兩人曾經共有的甜蜜回憶，等氣消了、怨沒了，自然雨過天晴。

讓牡羊動心的祕技 天真坦白，樂觀，
不囉嗦。

讓牡羊窩心的禮物 玩具、運動用品、
公仔、新上市的商品。

讓牡羊開心的場所 遊樂園、新奇的
店、速食店、運動娛樂中心。

牡羊 love 金牛

　　金牛情人沒有搶取豪奪的氣勢，也沒有你死我活的狠勁，但卻有一千度的強烈占有欲，只要對方的眼神因為其他異性而稍微飄移、心思因為若有所思而小幅振盪，立刻醋勁大發，生悶氣、大聲甩門、拒絕親近等招術紛紛出籠，表示嚴重抗議。

　　喜歡吃美食、美麗的餐廳、有質感的禮物，只要營造具備這些元素的場景，兩人世界頓時如花團錦簇般夢幻美好，感情急速加溫。無論感情再怎麼長久、甜蜜，都不要牽扯到任何的金錢借貸關係，否則晴天馬上變雨天、熱情馬上變冷漠，千萬別挑戰節儉王的底線。

　　忠心誠懇，深情專注，執著持久，不玩愛情遊戲，一旦愛了就全力以赴，不僅心無旁騖地愛

著對方，而且早已偷偷計畫兩人的未來，相戀、結婚、生子、偕老……即使八字只有一撇，還是覺得開心滿足。

　　牡羊不懂金牛為什麼寧願花時間耍牛脾氣，卻不願把話說清楚、講明白，使得雙方的溝通陷於僵局；牡羊不瞭解金牛為什麼一直執著於某些細微的小地方，鑽牛角尖，別人怎麼勸說都無效，常把美事搞砸，卻仍堅持自己是對的。

　　牡羊和金牛之間的溝通存在著很大的問題，牡羊性情急躁，同樣的事情講到第二遍時，口氣已經不太好，若還要到第三遍的話，肯定翻臉撞牆、火山爆發，但偏偏金牛是個習慣一切慢慢來的人，無論說話或做事都急不得，只要速度一快就會因為反應不及而腦筋一片空白，因此，牡羊和金牛縱有千萬愛意，也可能被大大小小的溝通衝突給沖淡的。

◈ 如何吹奏兩人的愛情協奏曲？

　　打從相識之初，兩人就覺得不對盤，若是繼續相處下去，非但情況不易好轉，甚至每況愈下，最後只好以漸行漸遠收場。彼此的性格完全不同，喜好幾乎零交集，沒有共同話題，難以理解對方的思考模式，對於參與對方的生活更是興趣缺缺，所以，如果雙方仍想要攜手共度未來，一定要懷抱著無比的決心和包容力，否則最後還是要說再見的。

讓金牛動心的祕技 可靠，幽默，有藝
術品味。

讓金牛窩心的禮物 藝術品、珠寶、園
藝用品、各式招待券。

讓金牛開心的場所 美麗與美食兼具的
餐廳、藝術中心、郊外。

牡羊 love 雙子

　　雙子情人的愛情態度被大家貼上「花心」的標籤，但自己對這樣的評價卻不以為然，總覺得自己只不過是真實呈現人性多重愛欲的自然本性而已，大家實在沒必要如此嚴肅正經，更不應該為此亂扣倫理道德的大帽子，不妨輕鬆一點、放開心胸地面對愛情。

　　幽默風趣成為在愛情世界裡悠遊自得、左右逢源的最佳利器，一旦發現獵物，得手的成功率幾乎高達百分之八九十，懂得善用自己的優勢，是一個聰明、花樣多的愛情獵人。

　　愛情要讓人愉快，而不是讓人沉重；愛情生活應該精彩豐富，而不是規律穩定；愛情之所以迷人，是因為追求的快感，而不是耐心的等待；愛情最讓人興奮的部分是達陣之前的疾速奔馳，

而不是達陣之後的塵埃落定；愛情最令人回味的是曾經擁有，而不是天長地久。

　　牡羊和雙子同樣對新鮮事物懷抱著高度的好奇心，當牡羊說：「我發現一個好玩的地方！」或「我發現一件有趣的事！」雙子立刻睜大眼睛、豎起耳朵、做好隨時出發的準備，等著和牡羊一起玩耍冒險玩耍，兩人都是不把風險和危機放在心上的人，反正船到橋頭自然直，隨性開心的相處才是雙方共同追求的目標。

　　雖然，牡羊搶取豪奪的魯莽直接可能讓一向以智取勝的雙子感到驚嚇，但只要經過雙子的曉以大義，以及牡羊的快速學習力，大多能漸漸取得共識與平衡，這樣一來，不但兩人的愛情迅速增溫，同時對個人成長也頗有助益，可說是一舉兩得。

◈ 如何吹奏兩人的愛情協奏曲？

　　雙方的契合感是渾然天成的，不矯情，不必刻意培養，即使單純地坐著也覺得愉快，對於某些事或某些狀況能很快地取得共識，不僅愛情指數穩定向上攀升，就連愛情濃度也持續增高，彼此相親相愛的情景羨煞所有人。所以，兩人只要堅持不讓沒事變有事、小事變大事，就能安然無恙地共創美好未來。

讓雙子動心的祕技 不黏膩，變換花招，有新鮮感。

讓雙子窩心的禮物 度假招待券、手機、益智遊戲、趣味商品。

讓雙子開心的場所 咖啡廳、百貨公司、旅遊景點、大賣場。

牡羊 love 巨蟹

　　巨蟹情人要的愛情是一份包含了溫柔體貼、善解人意、至死誓言的安全感，暖暖的、厚實的、永恆不變的。在真愛來臨之前，害羞、不知所措，沉醉在真愛裡的時候，甜蜜深情，卻又惴惴不安，當真愛確定不移之後，放心安穩，一生奉獻，毫無保留。

　　雖然，兩情相悅的美麗情懷是不可欠缺的，但更圓滿美好的表現應該是再加進像家人一樣的親情，因為那才是不怕洪水猛獸侵襲、不懼天崩地裂破壞的情感，源遠流長，直到永遠。

　　容易猶豫不定，且情緒起伏較大，所以需要對方循序漸進的引導，以及耐心地守候，不適合火力全開的激烈攻勢。兩人爭吵時，無法在第一時刻把思緒理清楚、把話說明白，必須經過一段

時間冷靜思索，才會有答案，對方若一昧強硬逼迫，不但無效，還可能產生反效果。

牡羊表達愛的方式是直接而強烈，喜歡的對象也偏向活潑熱情、獨立自主、有個性、不囉嗦的類型，一旦遇到大太陽時擔心乾旱、下雨天時擔心淹水，無時無刻在為下一秒憂心的巨蟹，情緒燃點很容易被引爆，而且往往一發不可收拾，結局慘烈。

某些時候，牡羊的確很喜歡巨蟹的親切和善解人意，這些溫良恭儉讓的姿態，讓牡羊如沐春風，感覺特別溫軟舒適，但只要時間一久，牡羊耐心用盡，玩膩了這套遊戲，而巨蟹又無法即時改變性情，跟上牡羊求新求快的腳步時，雙方關係產生裂縫，牡羊開始疏遠嫌棄，甚至毫不留情地大表不滿，為的就是趕快畫下句點，以便於尋找下一個獵物。

◈ 如何吹奏兩人的愛情協奏曲？

　　兩人性格不相容、氣味不相投、生活不搭軋，從見面的第一眼就在心裡畫一個大叉，接二連三的罵聲從心裡冒出來，只差沒有真的脫口而出，立刻列入不往來的黑名單。但神奇的是，不契合的狀況竟隨著幾次的相處，演變成不打不相識，兩人慢慢理解對方，原本的壞印象也會持續減少，所以，雙方應該試著多給彼此機會去表現各自的優點，如此一來，愛苗就有空間慢慢滋長了。

讓巨蟹動心的祕技 愛家，關懷體貼，寵愛。

讓巨蟹窩心的禮物 手工藝品、傢飾品、仿古傢俱、田園風格商品。

讓巨蟹開心的場所 花店、安靜溫暖的餐廳、跳蚤市場、懷舊之地。

🐑 牡羊 love 獅子

　　獅子情人所認定的愛情是轟轟烈烈、濃情蜜意、瘋狂烈愛……總之，就是一個不折不扣的重口味者，一旦陷入愛河，勢必高調地昭告天下，深怕漏掉一耳一目，而此舉的目的不僅是為了享受引人側目、招來嫉妒的得意感，更想讓對方感受到雄渾烈火般的愛意。

　　愛面子又不認輸，即使是自己做錯也不許別人笑，堅持保有尊貴的地位和非凡的氣勢，對方只要懂得順著獅毛梳理，不硬碰硬或逞嘴上之能，一定可以贏得歡心，過著吃香喝辣、橫行無阻的風光生活。

　　雖然有自己的喜好和行事風格，而且有些霸氣、自大，卻不會隨便亂發脾氣，只是一旦對方犯了大忌，引發獅子發火，可能就很難收拾了。

喜歡群聚的熱鬧氣氛，真正為兩人世界所花的時間和心力不多，把情人和朋友放在一起玩樂的模式似乎才是最愛。

牡羊從獅子身上看到傲氣、感受到熱情，就好像反射著自己的性格，有一種令人興奮的親切感。當雙方發生爭執時，牡羊怒火中燒，獅子也不甘示弱的大發雷霆，你一來我一往，戰況隨著互相叫囂的高音頻而越演越烈，彷彿要出人命似的，其實，這是兩人特有的溝通模式，因為只有速戰速決才能給雙方一個痛快的結果，讓事情儘快落幕。

牡羊和獅子擁有共同的生活樂趣和人生目標，開心時一起高歌，難過時一起掉淚，成功時一起分享，失敗時一起鼓勵，像情人也像朋友，不僅可以成為彼此奮勇攻頂、突破困境、跨越障礙的最佳夥伴，也是吃喝玩樂、遊戲人間的最佳拍檔。

◈ 如何吹奏兩人的愛情協奏曲？

　　兩人有共同的性格特質和興趣，什麼話題都能聊，在一起做什麼都覺得開心，對方有的傲人優勢，自己也有，所以可以痛快暢談，而對方有的不為人知的缺點，亦心有戚戚焉，所以不必費心遮掩，感覺特別輕鬆自在，算是一組契合的配對。但要注意的是因為同質性高，怕日長生膩，因此必須特別用心經營，才能長久維持下去。

讓獅子動心的祕技 讚美，順從，玩樂
的興致高昂。

讓獅子窩心的禮物 華麗閃亮的飾品、
太陽眼鏡、高價精品、皮件。

讓獅子開心的場所 舞廳、五星級飯
店、高級俱樂部、狂歡派對。

🐏 牡羊 love 處女

處女情人的規則多如牛毛，異味止步、指甲不能太長、看書時不能用力折……這些規則讓那些搞不清楚狀況的人動輒得咎，前面那條規則都還沒瞭解透澈，接下來的一句話或一個動作，又馬上又犯了錯，簡直就要把對方搞瘋了，而自己也因為氣到爆青筋而快出人命。

喜歡談有建設性的話題、喜歡具學習價值的活動、喜歡可獲取實質利益的工作，謹慎務實的特質讓愛情變得不怎麼浪漫，但對於個人性格的磨練與成長，倒有極大的幫助。

把親情、友情與愛情切割得一清二楚，無論是自我認知或實際行為，都沒有模糊地帶，執行嚴明，同時也要求對方達到一樣的標準。雖然，愛挑剔，愛叨念，但卻是一個以誠相待、對感情

負責，交往到一定程度即願意與對方攜手共度一生的情感穩定分子。

　　牡羊只要一看到愛挑剔、細心如針、囉哩叭嗦的處女，就像老鼠見到貓兒，二話不說，拔腿就跑，深怕一不小心被逮著了，耳朵和神經又要受疲勞轟炸，還是先閃為妙。牡羊是征戰沙場的老將，什麼流血流膿的殘忍畫面沒看過、什麼牛鬼蛇神的人物沒見過，一向以天不怕、地不怕自居，唯獨遇到不直接對戰、只會一天到晚跟在背後碎碎唸的處女，完全沒輒，寧願舉白旗投降或避不見面。

　　牡羊不瞭解處女為什麼每天總是緊張兮兮地盯這個、罵那個，為什麼不能多一點溫柔浪漫，少一點規定和指責，硬是要把愛情當軍事化管理，牡羊只好頭也不回地說再見了。

◇ 如何吹奏兩人的愛情協奏曲？

　　大部分的時候，雙方就像兩條平行線，很難有交集，既不想知道對方的任何訊息，也不可能主動關心對方，總是各自為政、互不搭理。因為彼此沒有互動的渴望，所以即使有接觸的機會，也很難建立在愛情上。基本上，要兩人相安無事地相處，並非難事，反而要培養出情投意合的愛意是比較不容易的，所以，一定要不斷地運用各種方式激發出自己與對方的熱情，才有可能長相廝守，直到永遠。

讓處女動心的祕技 有禮貌，乾淨整

齊，知性話題。

讓處女窩心的禮物 健康用品、有機食

品、筆記本、精美日用品。

讓處女開心的場所 強調健康概念的餐

廳、聽演講、博物館、書店。

🐏 牡羊 love 天秤

　　天秤情人是標準的「外貌協會」，除了自己愛美、注重形象之外，就連情人的長相、氣質、穿著打扮，甚至生活品味，都要一併列入考慮，只要稍有差池就淘汰，平時喜歡當濫好人，為了顧全大局，總是鄉愿妥協，但與外形有關的部分絕不會委屈求全。

　　讓這個人滿意了，可能那個人就生氣了，同意了這邊的要求，就等於拒絕了那邊的好意……最怕陷入兩難的矛盾情緒，一遇到需要抉擇的場面，不是刻意敷衍，就是隱遁逃避，直接來個不問不理。

　　對於愛情的態度是柔軟清爽，而不是濃厚強烈，即使是情人之間的相處，也只像一陣舒爽輕柔的風，或像一條澄淨透明的溪水，或像時而淡

香、時而無味的空氣，絕不是熾茂燄盛的烈愛，也不是糾糾纏纏的熱情，和一般人對愛情的期待大不相同。

牡羊一旦掉進愛情海，恨不得一天二十四小時都黏著對方，最好變成連體嬰，走到哪裡就跟到哪裡，一方面可免去見不到面時的相思之苦，另一方面也可向親朋好友炫耀自己幸福美滿的愛情生活。但是天秤不喜歡黏膩的愛情模式，即使正處於熱戀之中，仍希望擁有自己的空間和社交圈，而不是無時無刻面對同一張面孔，說著同樣的話，做著大同小異的事，這會讓天秤覺得不開心。

然而在一起久了，愛情濃度降低，牡羊漸漸不耐煩，想要更多屬於自己的時間和空間時，喜歡身邊有人陪伴的天秤反而變得依賴，彼此需求一直無法搭上線，不斷錯過讓兩人的愛情進度始終處於膠著狀態。

◈ 如何吹奏兩人的愛情協奏曲？

　　一開始就注意到對方，但沒有好感，看不順眼，隨口就可以講出對方千百個令人討厭的缺點，沒想到慢慢地，越看越有趣，臉上笑容變多了、心變柔軟了、喜上眉稍的感覺藏不住了，冤家變親家，一段致命吸引力的情緣從此展開……既然彼此真有愛意，就應該多包容、多站在對方的立場思考，相互磨合修整，互斥自然就變成了互補，美麗圓滿。

讓天秤動心的祕技 溫和，精心打扮，熱情。

讓天秤窩心的禮物 時尚精品、香水、音樂盒、設計師名品。

讓天秤開心的場所 優雅的咖啡廳、流行商品店、名牌店、音樂廳。

牡羊 love 天蠍

　　天蠍情人的愛情是濃密厚實、是深沉入裡、是專心一志、是飛蛾撲火、是欲念橫流……是沒有做好心理準備就陷落的人，承受不起、也消化不了的。滿滿一缸醋罈子，隨時等著打翻，對情人的精神與肉體施以同樣嚴格的控管，連一點細縫都不留。

　　疑心病重，心思縝密，觀察力過人，喜歡追根究柢，對方只要有一點不對勁，便立刻著手調查，而且是暗中偵察，絕不會做出打草驚蛇的傻事，非要查個水落石出不可，並保證讓對方心服口服。

　　只要認定了一個人、一段感情，再多犧牲奉獻也覺得心甘情願，最痛恨欺騙和背叛，對方若膽敢在背後亂搞，即使僅有一次，也會立刻被判

死刑，不但永無翻身之日，還可能遭到嚴厲的懲罰和報復，是一個占有欲極強、寧為玉碎不為瓦全的激情分子。

　　牡羊喜歡天蠍的強烈和狠勁，當天蠍決定使出渾身解數的那一刻起，勝負已定，牡羊被擄獲的機率高達百分之九十以上，而天蠍只要默默地等著收網即可，不費吹灰之力。但是，牡羊是不耐久戰的，辛辣刺激的高點一過，相互的感覺漸歸平凡之後，爭執變多、距離變遠、裂縫變大，愛情的滋味早已不復往日那樣令人貪戀神往了。

　　牡羊對天蠍悶不吭聲、暗中布局、私下計畫等行為極有意見，因為這些習慣和牡羊的基本調性截然不同，牡羊喜歡有話大聲說、有事大家一起商量，而且還要有被尊重的感覺，像天蠍這種什麼事都自己搞定，先斬後奏的相處方式，牡羊是絕對無法認同的。

◈ 如何吹奏兩人的愛情協奏曲？

彼此之間好像隔著千山萬水，只能遙遙相望，不太有機會親近對方，而雙方也的確都沒什麼相互接觸的意願，屬於感情難以培養的組合。每次好不容易努力把兩人送作堆，卻又狀況連連，不是一方莫名地礙著了另一方，就是雙方互不給好臉色，實在難相處，所以，兩人特別需要學習摒除成見與耐心溝通，才有可能進一步往好的方向發展。

讓天蠍動心的祕技 自信，循序漸進，不探隱私。

讓天蠍窩心的禮物 精油蠟燭、偵探小說、占卜工具、神祕學書籍。

讓天蠍開心的場所 電影院、幽靜木林區、具靈異氣氛的場所。

🐏 牡羊 love 射手

　　射手情人無法在兩人世界耽溺太久，才相處幾天，立刻把平時陪在身邊瞎混瞎聊的好友拉攏過來，一起吃喝玩樂、遊山玩水，從兩人世界變成三人，再變成六人、十人……最後狐群狗黨全都上場，明顯多了插科打諢的歡樂氣氛，但浪漫的愛情氣息則蕩然無存。

　　沒有定性，所以無法和同一個人膩在一起太久；熱愛自由，所以無法被同一段情感長時間束縛；討厭壓力，所以無法給出一個具體的承諾。絕大部分的基本特質與愛情本質是相悖的，且改變不易。

　　因為自己開朗樂觀、大方豪邁，因此希望對方也是個正向陽光、心胸開闊的人，如果一天到晚只在乎小細節、只是唉聲嘆氣、只想緊迫盯人、

只吵著要兩人獨處、只懂得用恐嚇威脅、只會說一些假裝讚美的應酬話，那麼，兩人的結局恐怕凶多吉少。

如果說牡羊是急驚風，射手就是人來瘋，兩人的速度一致、觀念近似、看法相同，只要哪裡有吃有喝有玩有樂子，就能看到牡羊和射手的蹤影，兩人代表的是一種無與倫比的歡樂氣氛，天天開心，時時快樂，即使面對有甜也有苦的愛情，也能輕鬆自在、坦然面對。

當牡羊說出一個瘋狂的玩樂點子，射手總是毫不猶豫地回答：「好，現在就走！」當牡羊臉上失去笑容、神情沮喪的時候，射手總是像太陽一樣地在一旁照耀著，給予無限溫暖的安慰，沒有責備和批判，因為兩人深知彼此的強項和弱點，所以，能夠在人生轉折處順利接軌成功，成為人人稱羨的一對。

◆ 如何吹奏兩人的愛情協奏曲？

初見對方的感覺，即使沒有如天雷勾動地火般的激烈，一定也有小鹿亂撞、心跳加快那種被愛神之箭射到的甜蜜感覺，簡單地說，就是好感說不完的一見鍾情。兩人才相處三天就像認識了三年似的，完全不需要適應期，也沒有使人感覺不快的隔閡，任何困難都可攜手共度，相知相隨，親暱熱切，情感濃烈的幸福程度，讓所有人都羨慕不已。

讓射手動心的祕技 不約束，講笑話，活動力強。

讓射手窩心的禮物 旅遊用品、太陽眼鏡、笑話書、民族風飾品。

讓射手開心的場所 具異國風情的餐廳或景點、同樂會、大自然。

🐏 牡羊 love 摩羯

　　摩羯情人凡事追求踏實安定，即便遇到以夢幻浪漫為本質的愛情，亦不改其堅定不移的態度和立場，一旦決定與某人交往，必是以結婚為前提作考慮，認真程度一如面對工作時的嚴謹負責，而且備有長期周詳的愛情計畫，絕不輕言兒戲。

　　表面看起來穩健自信，其實內心摻雜著脆弱悲觀的性格，需要身邊的人時不時地給予肯定和鼓勵，才得以抒解壓力和排解苦悶，繼續努力向前，所以情人必須扮演多重角色，既要是溫柔體貼的情人，也要是善於傾聽兼加油打氣的心靈導師。

　　不懂享受，毫無情趣，更惶論花錢花心思買生日禮物、過情人節或為紀念日慶祝，舉凡基本生活需求之外，一切從簡，認為真正的愛情應該

是兩個人老老實實地同甘共苦，而不是不知民間疾苦地拚命享樂。

牡羊要的是蕩氣迴腸、轟轟烈烈的愛情，不管情人的條件是不是屬一屬二的優秀，都覺得驕傲得意，總會想盡辦法昭告天下，讓大家分享自己的喜悅，至於這段感情能撐多久倒不是重點，重要的是能否爭得一時的熱鬧風光。但摩羯要的是安穩長久的關係，每說一句話、每下一項決定、每許一個承諾，都要經過深思熟慮，如果沒有把握，寧可不說，也不會把愛情當兒戲般地忽略輕視。

牡羊覺得摩羯太正經，既無法帶動氣氛，也開不起玩笑，毫無樂趣可言，兩人才相處一下，就覺得疲累不堪，度秒如年，恨不得立刻逃離，從此再見別連絡，雙方想擦出愛的火花的機率真是微乎其微。

◈ 如何吹奏兩人的愛情協奏曲？

　　無論談什麼話題，不是各持己見，就是相互批評，根本是話不投機半句多，對生活的態度，一個灑脫一個嚴謹，對愛情的認知，一個開放一個收斂，簡直是秀才遇到兵，有理講不清，實在很難溝通。兩人之間最欠缺的就是傾聽對方心裡的聲音，若只是一昧地表達自我想法或堅持自我主張，恐怕連和平相處都有困難，更不可能談情說愛了。

讓摩羯動心的祕技 言之有物的談話，端莊，正面思考。

讓摩羯窩心的禮物 名牌皮件、經典文具、實用的傢俱、古董。

讓摩羯開心的場所 山區、公園、郊外、書店、古蹟、博物館。

牡羊 love 水瓶

　　水瓶情人常因博愛精神而被認定為花心大蘿蔔，其實這性格特質與愛情是無關的，必須分開來看待。在還沒確定一段感情之前，廣交異性，來者不拒的行為，的確容易被當作遊戲人間的花蝴蝶，可是一旦定下來之後，則自然會收斂許多，只留唯一的真愛。

　　無論在思想或行為上，都追求最大限度的自由，只要有一點拘束限制的感覺，立刻毫不客氣地變臉走人，寧可放棄甜蜜的情愛、契合的交流、溫暖的陪伴，也要爭取自我應有的空間。

　　聰慧、自我、創新，所以特別喜歡反應快、有想法，而且夠獨立的對象，不管大部分人的愛情模式和規則是什麼，只願意接受讓自己覺得舒服快樂的方式，即便可能因此引發爭端、招來非

議，仍堅持繼續試探衝撞，直到雙方找到相同的頻率為止。

　　牡羊說話大嗓門、動作誇張，常常還來不及用到腦子，手就伸出去了、腳就踏出去了，像個大老粗，所以，當牡羊遇到聰明又冷靜的水瓶，總會不知不覺被吸引，尤其看到對方擅長而自己缺乏的長處時，特別有羨慕崇拜的傾向，忍不住有一種想接近對方的渴望。

　　雖然，牡羊常常因為不知道水瓶在想什麼而感到困擾或有些不開心，但是當水瓶每每在無預警的狀況下，帶來許多生活驚喜時，牡羊就像孩子般開心歡喜，而且立刻又多愛了水瓶一點⋯⋯諸如此類的情形層出不窮。兩人相識之初，未必有鍾情傾心的感覺，但幾次相處互動之後，就能在你來我往的情愛交融中，培養出甜蜜的愛苗。

◈ 如何吹奏兩人的愛情協奏曲？

　　一開始的感覺很普通，沒有心花朵朵開的浪漫感，也沒有不屑鄙視的嫌惡感，就像一般朋友。但隨著時間地積累，慢慢日久生情，好感度逐漸增加，到最後甚至有越陳越香的態勢，算是滿契合的一對。所以，雙方相處的重要關鍵在於突破初識的生疏、猜忌、冷漠，只要成功進入互有好感的第一階段，之後就能一起登上愛之船，遨遊愛之海了。

讓水瓶動心的祕技 獨立，以退為進，培養相同興趣。

讓水瓶窩心的禮物 最新科技商品、科幻小說、漫畫書、奇特商品。

讓水瓶開心的場所 3C賣場、天文館、可觀星的郊外、展覽會。

牡羊 love 雙魚

　　雙魚情人希望自己二十四小時都能在愛情海裡悠遊，不用管生活的壓力、煩人的工作、複雜的人際，只要整天和情人黏在一起，你儂我儂、甜甜蜜蜜，就等於擁有了無與倫比的快樂。

　　情緒是混雜的，情感是曖昧的，搞不懂自己到底想要什麼，說不清自己到底愛誰比較多，一旦處於質詢逼問的緊繃場面，只會選擇逃離，留下關係糾纏交雜的爛攤子。生性膽小怯懦，學不會拒絕，也不懂得分寸和自制，特別容易被人騙，或在不知不覺中騙了別人。

　　愛聽對方講心事，也喜歡講自己的故事給對方聽，快樂時一起大笑，悲傷時一起落淚，情感被交融得濃稠緊密，從此認定那就是浪漫情懷、就是千金萬金買不到的至愛真情，但誰知過幾天

又遇到情投意合的對象，所有夢幻感性重新再來一遍，彷彿沒完沒了的情愛輪迴。

　　牡羊一看到喜歡的對象便如餓虎撲羊，整個腦子裡被「我一定要得到！」的強烈念頭充塞，也不管對方的意願和承受力如何，就想霸王硬上弓，展現強勢的豪邁姿態，而這對一向無縛雞之力、軟弱膽怯的雙魚來說，就像威權的惡勢力，覺得很不舒服，卻又不知如何抵抗。

　　作風強硬的牡羊雖然覺得雙魚很聽話、配合度很高，很符合自己的英雄主義，當兩人在一起時，的確能享受被尊重崇敬的感覺。可是，這種只能永遠扮演同一個角色，毫無互動樂趣的相處模式，卻不是牡羊熱切期待的，一強一弱的組合，最後勢必走向強者恆強、弱者恆弱的極端景況，到那時候，沒有贏家，只剩懊悔不已的彼此。

◈ 如何吹奏兩人的愛情協奏曲？

　　彼此雖然生活領域不同，基本特質亦有差異，但卻因為並非全然的落差和衝突，反而有一種欣賞對方和想要向對方學習的心情。兩人時而以柔克剛或以強扶弱，時而以慢制快或以快帶慢，感覺真美妙。不過，可惜這美妙終究是短暫的，等到時間一久，最初因差異而產生的新鮮感漸淡，回歸原點，不契合的現象也就紛紛浮出檯面了。所以，兩人最佳的相處模式應該是遠觀而不褻玩，保持距離、以策安全。

讓雙魚動心的祕技 浪漫溫柔，主動，體貼。

讓雙魚窩心的禮物 手製卡片、花、水晶飾品、巧克力、宗教飾品。

讓雙魚開心的場所 海邊、有月光的公園、動物園、靈修場所。

12 星座之天使與魔鬼

天使牡羊：熱心，真誠

　　　　　　　　　　魔鬼牡羊：粗暴，衝動

天使金牛：溫柔，可靠

　　　　　　　　　　魔鬼金牛：頑固，耍牛脾氣

天使雙子：風趣，資訊達人

　　　　　　　　　　魔鬼雙子：花心，沒原則

天使巨蟹：奉獻，善解人意

　　　　　　　　　　魔鬼巨蟹：濫情，猜疑

天使獅子：大方，誠懇

魔鬼獅子：權勢，剛愎自用

天使處女：服務，負責

魔鬼處女：批判，規矩多

天使天秤：優雅，妥協

魔鬼天秤：推拖，好逸惡勞

天使天蠍：專心，堅持

魔鬼天蠍：嫉妒，報復

天使射手：開朗，直率

魔鬼射手：直言，不切實際

天使摩羯：勤奮，謙遜

魔鬼摩羯：刻板，現實

天使水瓶：創新，人道精神

魔鬼水瓶：抽離，冷漠

天使雙魚：愛心，關懷

魔鬼雙魚：混沌，說謊

PART 5

12 種上升星座，12 種牡羊

除了基本的太陽星座，

上升星座在深入探討性格時也會被談到，

它會影響了個人的相貌特徵和外型氣質，

還包括呈現給別人看的性格面具。

上升星座查詢連結（需要輸入出生年月日時間及地點）

https://www.astrotw.com/horoscope/asc

上升星座落在牡羊的牡羊

上升牡羊的相貌特徵

- ✪ 頭部比例明顯較大
- ✪ 不高大，但具結實感
- ✪ 手掌和腳掌比例較小

上升牡羊的外型氣質

- ✪ 精力旺盛，急躁直率
- ✪ 眼神中透出天真單純的氣息
- ✪ 直言，自然，不做作

上升牡羊的人，就像不經困境、不克服挑戰就覺得不夠痛快的勇士，精神振奮、生氣勃勃，全身散發著旺盛的精力和無懼的勇氣，行動迅速敏捷，隨時處於征戰狀態，有強烈的競爭和好戰意識，見一個打一個、見兩個打一雙，企圖以具體行動來證明自己的實力。

上升星座落在牡羊的牡羊，簡直就是渾然天成的戰鬥之王，一夫當關、萬夫莫敵，只要一說到馬挣力戰之事，就燃起亢奮的心火，迫不及待用盡所有精神和力氣，侵城掠地，奪取佳績。

心很急、手腳很快，腦筋轉到哪兒，行動就做到哪兒，疾如雷電，凡事都要逼得緊繃迫切，稍有停留駐足就覺得渾身不對勁，坐立難安、手足無措，不給自己任何喘息的空檔，也不讓別人有適應的時間。

粗魯莽撞、為所欲為是讓旁人大感吃不消的

負面性格，不懂得為人著想，一心朝向自己想望的目標前進，即使損害他人利益、踐踏他人自尊亦毫無所感，讓人覺得自私自利，沒有同理心。

上升星座落在金牛的牡羊

上升金牛的相貌特徵

★ 身材比例均勻而厚實

★ 下巴、脖子的線條優美

★ 成年後有容易變胖的傾向

上升金牛的外型氣質

★ 溫和，不多話

★ 情緒穩定，動作緩慢

★ 有時會顯露出無辜的模樣

上升金牛的人，讓人感覺穩重溫和、緩步優雅，做起事來不疾不徐，既不懂得趨炎附勢，也不隨波逐塵，有自己的步調節奏和原則方法，凡事強調事前規畫與嚴格執行，絕不會讓怠惰壞了大事；喜歡一切與美麗有關的事物、氛圍、感覺，具有一定程度的生活品味。

　　上升星座落在金牛的牡羊，強烈的固執特質把整個人緊緊箍住，心如堅石，不動如山，對於既定的目標和期待的想望，總是抱著義無反顧的決心，除非自己動了改變的念頭，否則誰也別想造成任何影響。

　　牡羊急躁不定的性格，被金牛穩重內斂的特質平衡，即使焦急不安的情緒仍偶有蠢動作祟的情形，但整體來說已獲得一定程度的掌控，而因未加思考所造成的遺憾也越來越少了。

　　遇到問題時，只會用強撐硬闖這一百零一招

來對應，不懂得適時轉個彎或放低姿態，欠缺柔軟圓融的特質，常因而在與他人互動時吃悶虧，對自我成長亦是一大阻礙。

上升星座落在雙子的牡羊

上升雙子的相貌特徵

⭐ 肩膀寬厚，肩線明顯

⭐ 手指靈活或比一段人長

⭐ 大多有視力的問題

上升雙子的外型氣質

⭐ 反應靈活，動作敏捷

⭐ 表情多，愛說話，且速度很快

⭐ 情緒變化快

上升雙子的人，反應靈巧機敏，頭腦轉速是他人的好幾倍，對於周遭人事物的感知力甚強，隨機應變、見風使舵是不費吹灰之力就能運用得宜的拿手絕活；聰慧俐落、點子多，對於知識與資訊的吸收消化能力特別強，經常在團體中扮演訊息交換者的角色。

上升星座落在雙子的牡羊，對於速度的要求異於常人，達到「快」的標準之後，便馬不停蹄地繼續追求更快、極快、超快……沒有極限、永無止境，是一種自我挑戰的表現，更是為了贏得眾人目光的手段。

好奇心強，膽量過人，勇於嘗試各種新鮮有趣的事物，即使這些事物的風險指數明顯偏高，仍毫無所懼，滿心期待著刺激的快感與未知的新奇感，急於帶領大家進入嶄新領域。

速度帶來豐沛的新意，卻也伴隨著因粗糙急

促而產生的危機，話語總是來不及潤飾就出口、行動總是等不及排演就執行，許多錯誤無法被彌補，時間久了，便成為揮之不去的痛苦傷痕。

上升星座落在巨蟹的牡羊

上升巨蟹的相貌特徵

- ✪ 胸部寬厚、凸顯
- ✪ 皮膚細緻，身材豐腴，屬易胖體質
- ✪ 重心在上半身

上升巨蟹的外型氣質

- ✪ 眼神明亮，含水感
- ✪ 情緒起伏大
- ✪ 沒有侵略性

上升巨蟹的人，給人一種害怕陌生、畏縮膽怯的印象，但本身親和力十足，總是在他人低潮

受困時大方伸出援手；對於喜樂哀怒的情緒轉換掌控制能力不佳，易情緒化；重心大多放在自己家庭，或與家庭有關的事務上，例如為家人打理大小事宜，甚至為家人犧牲奉獻等等。

上升星座落在巨蟹的牡羊，一強一弱、一理性一感性、一堅決一猶豫，兩者的組合充滿衝突與拉扯的氣味，導致最後演繹成形的性格，透露出一股令人矛盾不已的無力感。

在不熟識的人面前，顯得畏縮膽怯、安靜低調，毫無攻擊性，而且自我保護態勢強烈，似乎很擔心被別人發現自己的弱點，急於遮蔽掩蓋，但卻又欲蓋彌彰，更易顯出不知所措的窘態。

其實，沒什麼耐心，脾氣也不怎麼好，心裡經常藏著一股怒氣，很想發洩出來，但是膽子又不夠大，深怕自己沒能力收拾殘局，只好繼續隱忍下去，生著悶氣，敢怒不敢言。

上升星座落在獅子的牡羊

上升獅子的相貌特徵

✪ 頭較大，頭髮自然捲，
  肉結實

✪ 眼睛大而圓，且眼角向上揚

✪ 成年後有容易變胖的傾向

上升獅子的外型氣質

✪ 眼睛炯炯有神，氣勢凌人

✪ 光明磊落，精神奕奕

✪ 開朗，愛表現

　　上升獅子的人，自認是天生活在舞台上、被
聚光燈追著跑、擁有眾多支持者的王者，活力充

沛、自信滿滿、開明華麗，隨時隨地都在想辦法引起他人的注意，自尊心十分強盛；領導才能突顯，而且架勢十足，自願扛起指揮坐鎮的重責大任，同時享受被人愛戴尊崇的榮譽。

上升星座落在獅子的牡羊，有強烈的領導欲望，重視名利權位，希望自己的實力能得到他人的肯定，甚至受他人尊敬，特別注重外在形象，喜歡富麗堂皇的氛圍，以及浩然盛大的排場。

熱心助人、慷慨樂觀、思想正面，全身散發光與熱，越是與人互動來往，越能展現耀眼不凡的特質，總是毫不吝嗇地和大家分享自己所擁有的一切，樂於結交各領域的朋友，人緣極佳。

愛面子、喜歡出鋒頭，急著搶爭高高在上的唯一寶座，把追逐名利當作人生的重頭戲，一心期待征戰的速度感與勝利的滿足感，疏於內涵的培養，往往導致戰力無法持久的窘境。

上升星座落在處女的牡羊

上升處女的相貌特徵

⭐ 骨感，身材比例細緻

⭐ 下巴較尖或較瘦，嘴巴較小

⭐ 屬於乾性膚質

上升處女的外型氣質

⭐ 清爽整齊，有禮貌

⭐ 拘謹，小心翼翼

⭐ 隨時注意任何細節

上升處女的人，端莊有禮、心思細微、嚴謹務實、認真負責，符合一般社會化標準的期待，容易給他人留下良好的第一印象；組織力和分析力特別強，可以在極短的時間內，把一件事從亂無章法整理成井然有序的系統化，被公認為精練能幹的效率達人。

　　上升星座落在處女的牡羊，不怕面對考驗，問題來一個就解決一個、來兩個就解決一雙，從不會因為麻煩而顯得煩躁，或因為艱難而想要逃避，像個無堅不摧的鐵甲武士，使命必達。

　　執行力驚人，不必旁人的鞭策催趕，就可以在既定的時間內完成任務，而且品質達到一定水準，做得快又好，效率極高，具有強烈的自我負責精神，值得託付重任。

　　人前人後的嘴臉不一，在眾人面前，得體合宜、處處小心，深怕破壞了自己在他人心中的端

正形象，但其實私底下卻是一個怕麻煩、粗心大
意、不拘小節的人，內外呈現完全不同的性格。

🐏 上升星座落在天秤的牡羊

上升天秤的相貌特徵

- ✪ 身材適中，骨架勻稱
- ✪ 下巴多有稜角，雙唇飽滿
- ✪ 穠纖合度，不易過胖或過瘦

上升天秤的外型氣質

- ✪ 舉止優雅得體
- ✪ 有親和力，給人舒服的感覺
- ✪ 口才好，具社交手腕

上升天秤的人，優雅迷人、強調公平原則、善於社交，除非遇到過於不合理的狀況，否則大多會選擇配合他人，以避免製造不愉快的爭端；必須存在於人群團體之中，才會有安全感，無論做什麼都喜歡有人陪伴，藉著與他人的互動，感受自身的需求與心理狀態。

　　上升星座落在天秤的牡羊，兩種對立的特質一直在想盡辦法互相平衡，但是不論如何調整位置、改變方式、轉換角度，情況還是無法獲得改善，心情總在自我需求與他人要求之間擺盪。

　　害怕一個人的寂寞孤單，喜歡有人陪伴的感覺，必須生活在熱鬧的人群中，才有安全感，才感覺快樂，即便與他人互動的都只是一些不具建設性的隨興內容或玩樂遊戲，也覺得開心滿足。

　　極重視他人的肯定，特別喜歡聽讚美的話，就算對方說的並非肺腑之言，也會信以為真，容

易陷入美好假象的迷思，無法真正認同自我價值，
常因不自覺隨他人起舞而事後懊悔不已。

上升星座落在天蠍的牡羊

上升天蠍的相貌特徵

- ✪ 沒什麼腰身，臀部豐滿
- ✪ 毛髮烏黑又濃密
- ✪ 眼神深邃神秘

上升天蠍的外型氣質

- ✪ 獨特的神秘魅力
- ✪ 話不多，冷酷靜默
- ✪ 性感，悶騷

上升天蠍的人，習慣將真正的情緒藏於內心，外表冷靜內斂、沉著鎮定，與他人之間彷彿隔著一道銅牆鐵壁，堅硬厚實，難以攻破；獨特的神祕魅力、堅忍不移的專注力、無法撼動的意志力，組合成一股凡人難敵的吸引力，靜謐卻幽遠地影響著身邊的每一個人。

　　上升星座落在天蠍的牡羊，外表展現出的熱情只有五十度，但其實內心狂熱如火，少說也有三百度，是一個對生命永遠保持著高度熱情的人，勇於接受各種挑戰，把吃苦當成吃補。

　　信念堅定、自信滿滿，不容易受到他人的言語或情緒影響，對既定目標總是能發揮一以貫之、奮戰到底的精神，而且越挫越勇，除非自己決定放棄，否則就算天災地變也會繼續向前邁進。

　　與人談話時，用詞遣字的力道很強，讓人有一種尖利難擋、下不了台的震撼感，可怕的是，

自己卻渾然不覺，還以為這是率真坦白、不矯情造作的自然表現，殊不知早已為人際關係種下惡果，挽回不易。

上升星座落在射手的牡羊

上升射手的相貌特徵

⭐ 身材重心在下半部

⭐ 大腿特別結實

⭐ 怕熱，容易出汗

上升射手的外型氣質

⭐ 帶著一點喜感，很開心

⭐ 笑聲大，笑容燦爛

⭐ 粗線條，常跌倒或打翻東西

上升射手的人，永遠是那麼快樂無憂、精神奕奕、瀟灑自在，雖然也常被粗心大意或隨興而起的性格所害，但終究是一個樂觀主義者，所有煩惱皆能轉頭就忘，完全不留痕跡；喜歡學習、

交朋友和旅行，善於發揮正面的能量，並努力以
行動實踐自己的理想。

　　上升星座落在射手的牡羊，無論發生多麼煩
人的瑣事或天大的慘事，每天醒來仍然對未來、
對人生、對世界充滿希望，從不覺得有什麼問題
是解決不了的，反正兵來將擋、水來土掩，典型
的樂天派。

　　用最樂觀的角度看待生命，面對各種狀況都
能正向思考，而且能將自己的熱能傳遞給周圍的
人，樂於分享、大方正直、扶持弱小，在群體中
頗受歡迎，以遊戲人間為宗旨，以開心歡樂為目
標，天天開心。

　　說話誇張、動作誇大，常常為了逞英雄而亂
給承諾，或是為了營造歌舞昇平的熱鬧氣氛而隨
興胡為，但事後不僅沒有能力實現諾言，還一副
什麼事都沒發生過的樣子，毫無責任感可言。

上升星座落在摩羯的牡羊

上升摩羯的相貌特徵

- ★ 骨架大，肌肉結實
- ★ 皮膚顏色較深，髮質較粗
- ★ 身材大多屬於清瘦型，不易發胖

上升摩羯的外型氣質

- ★ 嚴肅，表情不多，沉靜
- ★ 帶著一股憂鬱氣質
- ★ 少年老成的模樣

上升摩羯的人，外表看起來比實際年齡成熟，散發一種不開心的憂鬱特質，讓人覺得拘謹嚴厲，

不易親近；做事循規蹈矩、勤奮不懈、嚴守分際，標準的實際主義者，不浪費時間在沒有實質獲利的事情上，付出一分耕耘，就要有一分收穫，不占人便宜，但也不吃虧。

上升星座落在摩羯的牡羊，就像嚴謹與奔放、悲觀與樂觀、傳統與創新的組合，這兩股完全不同方向的力量，硬是被綁在一起，其中的衝突和矛盾情緒可見一斑。

在遵崇禮教、謹守規則的外表下，藏著一顆蠢蠢欲動的心，企圖在有限的框線裡展現使盡全力的躍動，總是要偶爾做一些脫離正軌卻又無傷大雅的小動作，才能讓波動的情緒找到安定感。

很重視自己的表現是否可以得到他人的肯定，只要小小的鼓勵，就能像加滿油的超動能賽車，心無旁騖、全力以赴地向前衝，追求名利權勢的欲望，溢於言表，是一個勇於爭取的人。

上升星座落在水瓶的牡羊

上升水瓶的相貌特徵

☆ 身材比例姣好

☆ 手和腿的曲線優美

☆ 皮膚細緻白皙

上升水瓶的外型氣質

☆ 帶著靈氣的獨特美感

☆ 思緒清晰，說話條理分明

☆ 冷靜，有自己的想法

　　上升水瓶的人，低調冷漠、古怪獨特，不喜歡惹人注意，總是站在遠離核心的邊陲地帶，以冷眼旁觀的姿態看著一大群行為模式相同的人，我行我素，需要百分之百的自由；對於與人類福

祉相關的活動特別熱衷，是一個極具博愛精神的人道主義者。

上升星座落在水瓶的牡羊，即使是一點點的限制都覺得綁手綁腳、渾身不自在，對於自由的要求度極高，無法忍受被規定、被制約、被強迫，只做自己想做的事，自由就是快樂，快樂就是自由。

在陌生人與熟識朋友面前，簡直判若兩人，一般來說，不太會主動向陌生人示好或打招呼，總是保持一定距離的高姿態，但只要和熟識朋友在一起，卻是什麼驚世駭俗的行徑都做得出來，十分瘋狂。

有一顆喜歡幫助別人的熱切之心，但不是什麼人都願意幫，只會對特別貧苦弱勢的人伸出援手，而且完全不求回報，溫情暖意的表現和平時的高傲自負完全不同。

上升星座落在雙魚的牡羊

上升雙魚的相貌特徵

✪ 頭的比例較小，髮質柔細

✪ 眼睛大，但是無神

✪ 膚質好，腿細長

上升雙魚的外型氣質

✪ 眼神時而迷濛、時而無辜，
很會放電

✪ 夢幻，膽怯，心不在焉

✪ 情感豐富，易被影響

　　上升雙魚的人，愛幻想、情感豐沛、靈氣逼
人，散發著惹人憐愛的溫柔氣質，對於音樂和藝

術的感受力遠遠超越一般人，但容易產生悲觀的想法，自信不足，怯懦膽小；配合度高，沒有強烈的企圖心，不喜歡沉重的責任和競爭的壓力，追求形而上的精神生活。

上升星座落在雙魚的牡羊，有一種純真的性格，總是用最簡單、最直接的方式看待所有人事物，不跟別人計較，也不懂得耍心機，常常還沒搞清楚狀況就全力投入，等發現苗頭不對時，已經吃了大虧。

遇到不合理的事情，私底下罵聲連連，心裡氣急敗壞，但到了檯面上，卻連半句話都吭不出來，甚至還可能因為對方採取哀兵姿態而突然心軟，無法承受短兵相接的尷尬和壓力，最後只好自認倒楣。

掛在嘴上說的、放在腦子裡幻想的事件，永遠比真正行動和實際完成的多很多，再加上持續

力不足，只要過程中的麻煩稍微增加一些，就會
毫不考慮的選擇放棄，不易被託以重任。

PART 6

怎麼辦？牡羊~

人不可能永遠遇到好人或只與自己契合的人相處，

一旦遇到令自己覺得不舒服、厭惡、痛苦的人，

該怎麼辦呢？

這裡的求生術將帶你脫離苦海，

打造美麗人生！

遇到自我牡羊，怎麼辦？牡羊～

　　牡羊一向只看自己想看的、只聽自己想聽的，把別人的意見當耳邊風，視他人的需求如垃圾糞土，彷彿活在用銅牆鐵壁築起的自我世界裡，除非牡羊自己有意願走出那個大門，否則就算祭出火力驚人的砲彈火箭，也是徒勞無功。牡羊雖有無窮的精力和熱情，但全都是投己所好，其他人只有跟隨在後的分兒，別想另外撈到半點好處。

　　對兩隻牡羊相處狀況的最佳形容就是「硬碰硬」，不是情義相挺、齊力斷金，就是可能因一言不合而大打出手，表現十分極端。

　　當牡羊遇到牡羊時，最好先建立共識，設定明確立場、調好雙方頻率、談妥清楚的遊戲規則，如此才不會受火爆脾氣和衝動情緒的牽動，做出不理智的事情，後悔莫及。

遇到緩慢金牛，怎麼辦？牡羊～

金牛的緩慢是有道理的，試想，牛兒一輩子的時間都在田裡度過，每天日出而作、日落而息，除了吃飯睡覺之外，就是拉著耕作機，四隻腳踩在爛泥裡，神情專注，勤勤懇懇，埋首耕耘，毫不鬆懈馬虎，崇尚慢工出細活的人生哲學，不為邀功、不願搶快，只想求得好品質，為自己的辛勞下一個完美註解。

縱有天大的理由，一向求快的牡羊都無法認同金牛，把金牛視為不同世界的產物。牡羊無意引起對立，卻也沒有深入瞭解的意願。

當牡羊遇到金牛時，不必刻意隱忍或減緩速度，那只會讓負面情緒更快爆發，最好的方法是各司其職，該合作的時候，遵照既定規則進行，其他時候則井水不犯河水，各自為政、互不侵擾，便能相處愉快。

遇到圓滑雙子，怎麼辦？牡羊～

雙子的機智和靈巧，簡直是渾然天成，毫無破綻，從思考速度、說話方式，到隨時隨地的反應，都讓身歷其境的人不得不拍手叫好，別人是舉一反三，雙子是舉一反十，無論存在任何時空或狀態，都可應變自如，把死的說成活的、把黑的辯成白的，好像考不倒的魔術師，不管題目再怎麼難、觀眾的要求再怎麼奇異，都能玩出令人驚豔的花招。

牡羊耿直率真，不善於揣測他人的心思，也不懂得探究內幕，而雙子的變身能加超強，行走於三教九流之間，悠然自得，毫無障礙。

當牡羊遇到雙子時，千萬記得學會控制情緒和只聽不說，對於所見所聞不可盡信，一定要等查個清楚明白之後，再下最後的斷論，否則被雙子抹黑造假的謠言傷害的機率甚高。

遇到耽溺巨蟹，怎麼辦？牡羊～

　　巨蟹喜歡活在懷舊的回憶裡，因為在可愛的童年時光、青澀的少年時期、與家人緊緊相依的溫暖氣氛、和好友融洽相處的所有美好記憶裡，最讓巨蟹覺得舒服、自在和安全。巨蟹較為悲觀，凡事容易往壞處想，解決問題的能力和抵抗困難的決心，明顯不足，只要一遇到不順心的事就往蟹殼裡鑽，無法勇敢面對。

　　牡羊遇到開心的事，大笑三聲，遇到難過的事，大哭三回合，接著就把情緒拋諸腦後，繼續向前看，而巨蟹則完全相反，總是鬱鬱寡歡、楚楚可憐的模樣，負面情緒時時籠罩心門，揮之不去。

　　當牡羊遇到巨蟹時，別急性子地罵人或顯露出嫌棄的神情，必須先避免給對方任何有形無形的壓力，才有進一步和平共處的機會。

遇到愛面子獅子，怎麼辦？牡羊～

獅子自認為是尊貴的王者，把重視排場、指使別人、坐享其成當作是天經地義的事，尤其與名譽榮耀有關的事，更是在意至極，絕不容許有落人口實或臉上無光的事情發生。獅子是標準地吃軟不吃硬，喜歡我強、對方弱的組合，即便獅子因此需要多花一些心力去保護或關照對方，也覺得樂在其中，因為那可是能力和權力的最佳表徵啊！

牡羊為爭得一席之地，無時無刻展現旺盛的企圖心，這一方面，愛面子的獅子亦不惶多讓，於是雙方短兵相接，煙硝味十足。

當牡羊遇到獅子時，先不要爭論誰上誰下的輸贏問題，倒不如談談彼此的雄心大略、志向願景，在一番你來我往的夢想激盪之後，就會發現兩人攜手合作的成功率要比單打獨鬥大多了。

遇到窮緊張處女，怎麼辦？牡羊～

處女外表端莊有禮、鎮定謹慎，其實內心經常處於不安的狀態，就像心律不整的病患的心電圖，忽上忽下、忽強忽弱，不過因為處女很在乎形象，所以掩飾得很好，不易被人發現。處女窮緊張的性格有一部分是因為本身的標準過於嚴苛，迫使自己必須面對稍有差池就扼腕不已的情況，或未達預期所帶來的巨大恐懼，搞得緊張兮兮、坐立難安。

牡羊走的是粗線條路線，注重大方向，對小細節感到厭煩，總是視而不見，但處女卻喜歡往細縫裡鑽，搞得自己動輒得咎、高壓緊繃。

當牡羊遇到處女時，想辦法在最短的時間裡完成該做的事，遇到雙方意見不合的情況，最好先各自冷靜之後，再坐下來好好商量，因為迥異的觀念和反差的情緒，即是兩人最大的溝通阻礙。

遇到沒擔當天秤，怎麼辦？牡羊～

天秤喜歡輕快俐落、流暢自在的感覺，對於厚重繁雜、長長久久的事，一概敬謝不敏。天秤尤其討厭被限制、緊縛的感覺，所以只要一遇到必須扛責任或負責某項要務，立刻逃之夭夭，直接來個人間蒸發，縱使因此被批評怒罵也無所謂，反正被唸、被罵，根本不痛不癢，總比背著一堆麻煩事或困難的任務要好應付多了。

牡羊喜歡當老大，總會不自覺地所有權力一把抓，只要能發號施令，就算肩上必須扛起一大堆沉重得不得了的責任，也甘之如飴，而天秤則崇尚無事一身輕，不求披名掛利，更懶得攬責任上身。

當牡羊遇到天秤時，吃喝玩樂是最能讓雙方都覺得愉快自在的事，但若是與利益有關的合作，應該盡量避免，否則後患無窮。

遇到心機重天蠍，怎麼辦？牡羊～

天蠍冷靜不躁進、思路清晰、耐性悠長、方向明確、心意篤定、下手快狠尖利，老實說，要成為一個攻於心計且萬無一失的謀略家，天蠍確實擁有別人學不來也趕不上的優異天賦。任何蛛絲馬跡都逃不過天蠍的視覺、聽覺和感覺，而且天蠍能忍又能等，總是在檯面下作業，不到最後出手的那一刻，絕不打草驚蛇，可說心機冠天下。

牡羊事事坦白、一派輕鬆，有一股天不怕地不怕的豪氣之勢，而天蠍則凡事防禦、預設、假想，難有鬆懈的時刻。

當牡羊遇到天蠍時，既然對方心機難敵，乾脆堅持自我風格，反正已有如鋼鐵般的信心當作支撐，縱有洪水猛獸來襲，亦無所懼，實在不必要在事件尚未發生前就自己嚇自己，坦然即是上策。

遇到誇大射手，怎麼辦？牡羊～

　　射手不僅說話方式誇張、動作大剌剌，就連想法觀念都讓人驚乎，是一個不把別人奇異的眼光與評價放在心上的隨興分子。射手在表達方面，特別有「放大」的習慣，往往導致沒事變有事、小事變大事的結果，雖不至於造成什麼重大傷害，卻常引發他人的不信任感，總覺得對於射手說的話必須打些折扣，以免誤判或期望太高。

　　牡羊雖然嗓門大、動作大，一旦遇到誇大之王——射手，大概也只有自嘆弗如的分兒了，射手對於「誇大」的演繹，無人能出其右。

　　當牡羊遇到射手時，本質相近的兩人，互相感染快樂、自信與強烈的企圖心，一面倒的正向思考，把氣氛炒熱到最高點，這時候，懂得適時踩煞車是絕對必要的，否則可能樂極生悲。

🐻 遇到無趣摩羯，怎麼辦？牡羊～

　　摩羯熱愛工作到了連旁人都看不下去的地步，每天一睜開眼想到的是工作，走路、吃飯、睡覺也不例外，假日時只要沒有事先安排活動，就會忍不住把工作拿出，立刻進入狀況，變身為工作狂人，而且，摩羯特別重視進修，在扣除工作之後所剩不多的時間裡，總是不斷看書、研究，活生生就是一個玩樂絕緣體。

　　牡羊是樂觀的，摩羯是悲觀的；牡羊是且戰且走的，摩羯是預做規畫的；牡羊是開疆闢土的，摩羯是固守城池的。

　　當牡羊遇到摩羯時，不必為彼此的差異驚訝，更不需為雙方的價值觀爭辯不休，最好的方式是擷取對方被自己認可的特質，其他部分則給予應有的空間，尊重是和平共處的首要條件。

遇到冷漠水瓶，怎麼辦？牡羊～

　　水瓶習慣冷眼旁觀、抽離人群的生活模式，學不會熱情，也不可能主動示好，害怕長期且過度融入某個團體、執著於某個想法，或是和某人太過親暱的感覺，那會讓水瓶覺得自己很蠢、很沒風格，所以特別堅持看事情要保持一定的距離，才不致於產生盲點或同流合污，與人相處更需保留適度空間，省去不必要的麻煩。

　　牡羊如陽光般燦爛熱情，愛和大家一起狂歡吶喊的激情，而水瓶即使身處震耳欲聾的熱鬧環境，仍如冰雪般沉靜冷漠，完全抽離。

　　當牡羊遇到水瓶時，可以藉著性格的衝突性，理解不同領域的新奇事物，或許一開始的情勢發展可能不如預期，但只要持續施以熱情攻勢，冰雪終有融化的時刻，突破防線，達陣成功。

🐏 遇到膽小雙魚，怎麼辦？牡羊～

雙魚缺乏勇氣，沒有安全感，經常活在擔心受怕的情緒之中，明明眼前一片坦途，卻老是覺得危機四伏，明明已經做好萬全的準備，卻仍然憂心忡忡，導致往往還來不及行動就退縮或裹足不前的情形，成不了大事，只能跟隨別人的腳步，表面上讓人覺得配合度極高，十分隨和，其實是一個無法擁有自我想法的背後靈。

牡羊把他人避之唯恐不及的危險當成挑戰，天生就是膽大好戰之人，而雙魚軟弱怯懦，只要一點聲響就會被嚇得魂飛魄散，膽小如鼠。

當牡羊遇到雙魚時，試著把自己的直率指數降低些、把心情放得柔軟些、把說話聲音調得輕細些，當雙方的頻率落差沒那麼大時，和諧的愉快感自然就會應運而生了。

12 星座不易被發現的隱藏性格

牡羊 習慣逞兇鬥狠的牡羊，真要哭起來，猶如天崩地裂，挺嚇人的！

金牛 肢體不靈活的金牛，如果有高人指點，有機會變身為舞林高手。

雙子 好像可以同時處理好幾件事的雙子，其實瞎忙的成分比較高。

巨蟹 多慮膽小的巨蟹，一旦犧牲奉獻，則勢如破竹、勇氣過人。

獅子 愛熱鬧的獅子，也會有不愛搭理別人的自閉傾向。

處女 表面端莊整齊的處女，在沒人看見的時候，完全不是那麼回事。

天秤 要求平衡、客觀的天秤，其實主觀的不得了。

天蠍 冷酷、疑心病重的天蠍，一被打動，就完全受對方擺布。

射手 粗線條的射手，在研究學問時，倒是十分仔細謹慎。

摩羯 拘謹嚴厲的摩羯，遇到喜歡的人，會變得非常浪漫。

水瓶 看起來不問世事的水瓶，其實對所有狀況都瞭然於胸。

雙魚 說話含糊、不具體的雙魚，心中早有答案，只是不說而已。

星座小熊 第一本星座書 牡羊座

越級打怪就是爽

作　　者／星座小熊, 曾新惠
美術編輯／達觀製書坊
責任編輯／ twohorses
企畫選書人／賈俊國

總 編 輯／賈俊國
副總編輯／蘇士尹
編　　輯／黃欣
行銷企畫／張莉榮、蕭羽猜、溫于閎

發 行 人／何飛鵬
法律顧問／元禾法律事務所王子文律師
出　　版／布克文化出版事業部
　　　　　台北市中山區民生東路二段 141 號 8 樓
　　　　　電話：(02)2500-7008 傳真：(02)2502-7676
　　　　　Email：sbooker.service@cite.com.tw
發　　行／英屬蓋曼群島商家庭傳媒股份有限公司城邦分公司
　　　　　台北市中山區民生東路二段 141 號 2 樓
　　　　　書虫客服服務專線：(02)2500-7718；2500-7719
　　　　　24 小時傳真專線：(02)2500-1990；2500-1991
　　　　　劃撥帳號：19863813；戶名：書虫股份有限公司
　　　　　讀者服務信箱：service@readingclub.com.tw
香港發行所／城邦（香港）出版集團有限公司
　　　　　香港九龍九龍城土瓜灣道 86 號順聯工業大廈 6 樓 A 室
　　　　　電話：+852-2508-6231　　傳真：+852-2578-9337
　　　　　Email：hkcite@biznetvigator.com
馬新發行所／城邦（馬新）出版集團 Cité (M) Sdn. Bhd.
　　　　　41, Jalan Radin Anum, Bandar Baru Sri Petaling,
　　　　　57000 Kuala Lumpur, Malaysia
　　　　　電話：+603- 9057-8822　　傳真：+603- 9057-6622
　　　　　Email：cite@cite.com.my
印　　刷／韋懋實業有限公司
初　　版／ 2024 年 3 月
定　　價／ 300 元
Ｉ Ｓ Ｂ Ｎ／ 978-626-7337-92-9
Ｅ Ｉ Ｓ Ｂ Ｎ／ 978-626-7337-98-1（EPUB）

城邦讀書花園　布克文化
www.cite.com.tw　www.sbooker.com.tw